AF748106

Le droit aux visites des personnes incarcérées

Collection Criminologie
dirigée par Robert Cario

La criminologie apparaît comme un champ pluri et transdisciplinaire de connaissances, d'investigations, d'expertises et de traitement qui peine à être reconnu en France. Principalement mise en œuvre dans le domaine de la prévention, elle occupe également, au cas d'échec, une place prépondérante dans le procès pénal. Plus largement encore, la criminologie contribue à la restauration psychologique et sociale des protagonistes, dans l'endroit comme dans l'envers du crime.

Dans de nombreux pays, la discipline fait l'objet d'enseignements, de recherches et d'applications à la mesure de la complexité du phénomène criminel qui la nourrit. Dans d'autres encore, la profession de criminologue s'inscrit en totale harmonie avec les métiers de la justice, de la médecine, de la psychologie et du social.

La présente collection ambitionne de rassembler des ouvrages scientifiques et des travaux de terrain, appuyés tant sur les théories dominantes que sur les bonnes pratiques en agressologie ou victimologie, à l'intention de publics variés : étudiants, enseignants, chercheurs, magistrats, praticiens de toutes disciplines confrontés aux problématiques délinquantes, citoyens épris de justice.

Derniers ouvrages parus :

C. Rossi, *Homicide : les proches des victimes*
M. Herzog-Evans, *Le JAP : monsieur Jourdain de la désistance*
C. Condominas, *Sentiment amoureux et conjugalité violente*
C. Chevandier, J.M. Larralde, P.V. Tournier (Dir.),, *Enfermements, justice et liberté*
P.V. Tournier, *La question pénale au fil de l'actualité*
J. Motte dit Falisse (Dir.), *De la faute et du crime*
P.V. Tournier, *Naissance de l'observatoire de la récidive et de la délinquance*
P.V. Tournier, *Naissance de la contrainte pénale.* Vol. 1, *Genèse* ; Vol. 2, *Archives*
J. Motte dit Falisse, F. Ludwiczak (Dir.), *Du sens de la peine*

Série Champ pénitentiaire
dirigée par Paul Mbanzoulou

La série Champ pénitentiaire contribue à la diffusion des connaissances élaborées à partir de l'analyse du champ pénitentiaire dans sa diversité et sa complexité. Les ouvrages individuels ou collectifs proposés par des chercheurs ou des praticiens ont en commun d'affiner la compréhension des dynamiques institutionnelles, des processus de construction des pratiques professionnelles, des politiques de prise en charge des personnes placées sous main de justice et des mécanismes de la privation ou de restriction de liberté.

Derniers ouvrages parus :

G. de Coninck, G. Lemire et*re directeur de prison*
P. Mbanzoulou, M. Herzog-Evans, S. Courtine (Dir.), *Insertion et désistance des personnes placées sous main de justice*
P. Mbanzoulou, F. Dieu (Dir.), *Administration pénitentiaire et justice*
P. Mbanzoulou, P. Pottier (Dir.), *Santé et Justice*
H. Hedhili-Azema, *Sciences et pratiques pénitentiaires en France. XIX-XX*[e]

Sous la direction de
Sylvain Jacopin et Jean-Manuel Larralde

Le droit aux visites des personnes incarcérées

Préface de Paul Mbanzoulou

L'Harmattan

© L'Harmattan, 2018
5-7, rue de l'Ecole-Polytechnique, 75005 Paris

http://www.editions-harmattan.fr

ISBN : 978-2-343-14292-0
EAN : 9782343142920

Ont contribué à cet ouvrage :

Marie-Aude Beernaert, Professeure ordinaire à l'Université catholique de Louvain (UCL), Centre de recherche interdisciplinaire sur la déviance et la pénalité (CRID&P).

Gérard Benoist, Membre du bureau de l'UFRAMA, Psychologue clinicien au SMPR de Fleury Mérogis et formateur de l'UFRAMA.

Céline Béraud, Maître de conférences à l'Université de Caen-Normandie, membre junior de l'Institut universitaire de France.

Aurore Catherine, Maître de conférences en doit public à l'Université de Caen Normandie, Centre de recherche sur les droits fondamentaux et les évolutions du droit (C.R.D.F.E.D.), Directrice de la clinique juridique des droits fondamentaux de l'Université de Caen Normandie.

Claire de Galembert, Chargée de recherche au C.N.R.S. (Institut des sciences sociales du politique/ENS de Cachan).

Pierre-Jérôme Delage, Maître de conférences à l'Université de Caen Normandie, Institut Demolombe.

Léa Duval, Doctorante en droit public à l'Université de Caen-Normandie, Centre de recherche sur les droits fondamentaux et les évolutions du droit (C.R.D.F.E.D.).

Isabelle Fouchard, Chargée de recherche au C.N.R.S. (ISJPS – UMR 8103), Contrôleur extérieur auprès du CGLPL.

Fanny Gabroy, Doctorante en droit privé à l'Université de Caen-Normandie, Institut Demolombe.

Alix Giraud, Doctorante à l'Université de Potsdam.

Sylvain Jacopin, Maître de conférences HDR à l'Université de Caen-Normandie, Institut Demolombe, Centre de recherche sur les droits fondamentaux et les évolutions du droit (C.R.D.F.E.D.).

Jean-Manuel Larralde, Professeur de droit public à l'Université de Caen-Normandie, Centre de recherche sur les droits fondamentaux et les évolutions du droit (C.R.D.F.E.D.).

Paul Mbanzoulou, HDR, directeur de la recherche et de la documentation, Responsable du centre interdisciplinaire de recherche appliquée au champ pénitentiaire (C.I.R.A.P.), Ecole nationale d'administration pénitentiaire (E.N.A.P.).

Béatrice Pastre – Belda, Maître de conférences de droit public à l'Université de Montpellier, I.D.E.D.H.

Corinne Rostaing, Maître de conférences HDR à l'Université Lyon 2, membre du Centre Max Weber (C.N.R.S.).

Anne Simon, Maître de conférences en droit privé et sciences criminelles à l'Université Paris 1 Panthéon-Sorbonne (ISJPS).

Préface

Par Paul Mbanzoulou

Le droit aux visites familiales des personnes incarcérées est-il effectif en France ? Si une telle question était posée au grand public, voire même aux professionnels de différents champs de la justice et de la sécurité, nous serions surpris par la nature des réponses que nos concitoyens ou les professionnels pourraient y apporter, tant cette question ravive l'idée communément véhiculée par les médias et le grand public d'une privation de liberté restrictive et d'une prison nécessairement étanche. Or ce droit est reconnu depuis très longtemps par la cour européenne des droits de l'homme comme une composante de l'article 8 de la CEDH, notre référentiel européen.

S'il existe, sur ce fondement, une jurisprudence relativement abondante et contraignante de la Cour européenne des droits de l'Homme relative aux visites familiales en prison, force est de constater que ce sujet n'a pas épuisé son intérêt. Le rehaussement normatif de ce droit fondamental à travers l'article 35 de la loi pénitentiaire du 24 novembre 2009, incite encore plus à l'évaluation critique des conditions de possibilités et des limites de ce droit au regard du contexte juridique dans lequel il s'inscrit mais aussi des contraintes matérielles qui produisent des « espaces de disparité ».

La situation des personnes en détention provisoire en France est illustrative de la nécessité de questionner continuellement l'effectivité de ce droit. En effet, jusqu'à une époque très récente, l'exercice du droit au maintien des liens familiaux n'était entouré, pour ces personnes prévenues, que de faibles garanties. Confrontées à une décision de l'autorité judiciaire leur refusant l'autorisation de téléphoner à des proches ou s'opposant, après clôture de l'instruction, à la visite de ces derniers, les personnes en détention provisoire ne disposaient pas de voies de recours, jusqu'à leur création prévue par la loi du 3 juin 2016 renforçant la lutte contre le crime organisé, le terrorisme et leur financement et améliorant l'efficacité et les garanties de la procédure pénale.

La distinction de statut de personnes prévenues et de personnes condamnées ouvre un axe d'analyse fructueux, structuré par le dualisme entre la détention provisoire et la condamnation. Cet axe se retrouve au cœur de nombreuses contributions réunies dans cet ouvrage, qui analysent ce dualisme comme source de « variabilité » des règles, relativement à l'autorité de compétence, aux voies de recours et à l'effectivité de ce droit. Mais l'ensemble n'est pas dénué d'ambiguïté. Ce qui aboutit, non sans malice, à pointer les paradoxes de ce droit repérés aussi bien dans les textes nationaux, comme la loi pénitentiaire, qu'européens.

Un autre axe transversal de dualité s'observe au travers de l'intrication du droit privé et du droit public dans le cadre du droit aux visites familiales. Cet axe irrigue l'ensemble des contributions en donnant à cet ouvrage dirigé par Sylvain JACOPIN et Jean-Manuel LARRALDE un caractère interdisciplinaire. La richesse et la complémentarité des contributions saisissent la complexité et les ressorts de ce droit, d'autant plus que celles-ci adoptent une approche globale alliant analyses théoriques et approches pratiques. La juste place donnée aux contributions du Comité européen pour la prévention de la torture (CPT) et du Contrôleur général des lieux privatifs de liberté, comme organes de contrôle, renforce cette approche.

Ce sujet apparaît dès lors comme le cheval de Troie permettant l'analyse des questions aussi brulantes que celles du sens de la peine, du respect de la dignité humaine des personnes détenues et des traitements inhumains et dégradants. Cet ouvrage s'inscrit bien dans le champ de la clinique juridique, dans la mesure où il soumet à l'examen approfondi un dispositif juridique existant dans la perspective de son efficacité. Il permet par ailleurs de comprendre comment l'interdisciplinarité devient heuristique dans ce champ d'enchevêtrement paradigmatique complexe qu'est le domaine pénitentiaire.

Pour toutes ces raisons, la publication de cet ouvrage, issu du colloque organisé par l'Université de Caen sur « le droit aux visites familiales des personnes incarcérées » mérite d'être saluée. Elle nous confronte avec une réalité souvent occultée : la quasi-totalité des personnes incarcérées sont appelées à retrouver la liberté.

Avant-propos

Par Sylvain Jacopin et Jean-Manuel Larralde

Puisque l'objectif de réinsertion des détenus constitue désormais la mission prioritairement affichée par les systèmes répressifs modernes, le maintien des liens des personnes privées de leur liberté s'est logiquement imposé comme l'une des composantes du traitement pénitentiaire contemporain.

Ainsi, selon les Règles pénitentiaires européennes de 2006, « les détenus doivent être autorisés à communiquer aussi fréquemment que possible – par lettre, par téléphone ou par d'autres moyens de communication – avec leur famille, des tiers et des représentants d'organismes extérieurs, ainsi qu'à recevoir des visites desdites personnes » (Règle 24.1). Dans le même sens, en droit interne, la loi pénitentiaire du 24 novembre 2009 (article 35) fait du droit aux visites une garantie du droit fondamental au respect de la vie privée et familiale. Le respect du droit aux visites permet, en effet, de maintenir les liens familiaux et personnels du détenu, mais aussi d'accéder à un défenseur, à un représentant du culte, à un visiteur, à des personnels de santé, etc… Toutefois, l'exercice des droits fondamentaux au sein des établissements pénitentiaires est soumis à de fortes restrictions, qui renvoient principalement à l'exigence de l'ordre et de la sécurité dans ces milieux spécifiques.

En d'autres termes, si le droit aux visites est désormais consacré dans de nombreuses dispositions (relevant principalement du Code de procédure pénale, pour la situation de la France), qu'en est-il de son effectivité ?

La Clinique juridique des droits fondamentaux du Centre de Recherche sur les Droits Fondamentaux et les Evolutions du Droit

(C.R.D.F.E.D.) de l'Université de Caen-Normandie a été amenée à travailler sur ces problématiques au cours de l'année universitaire 2015/2016. Saisie par l'association caennaise Démosthène [1] et dans le cadre d'un contrat de recherche « Droits de l'homme » avec la Région Basse-Normandie, elle a rendu en mai 2016 un rapport relatif au *Droit aux visites familiales des personnes détenues en France*, à partir d'une étude du droit positif, tant national qu'européen, complétée par des enquêtes de terrain (entretiens avec des détenus, personnels de l'administration pénitentiaire, magistrats, représentants d'associations). Dans ce document de 109 pages [2], les auteurs se sont attachés à présenter les modalités de délivrance des permis de visite, le déroulement matériel des visites, les contraintes de déplacement des familles, ainsi que les incidents pouvant entraîner la suspension voire le retrait du permis de visite. Le rapport s'achève par une synthèse relevant les paradoxes et complexités de l'exercice du droit aux visites familiales.

Afin de poursuivre et d'approfondir les stimulantes conclusions de ce rapport, un colloque a été organisé le 27 octobre 2016 à la Faculté de droit de Caen, portant sur un champ de recherche plus vaste, consacré au « Droit aux visites des personnes incarcérées » (visites familiales, mais aussi associatives, religieuses, sanitaires…).

Cette manifestation scientifique, croisant la parole d'universitaires et de chercheurs, tant français qu'étrangers, ainsi que de praticiens, a permis d'apporter un éclairage sur les réglementations et les pratiques qui se forment autour du droit au maintien des relations des personnes incarcérées, que ce soit en France ou à l'étranger. Les communications ont également relevé l'important rôle d'« aiguillon » des institutions de contrôle en la matière (Comité européen pour la prévention de la torture ; Contrôleur général des lieux de privation de liberté). La matière première de la réflexion est concrète et les résultats des travaux sont eux aussi éminemment concrets. A cet égard, nous remercions les intervenants pour avoir su mettre en lumière le visage de nos politiques carcérales.

---

1. Association pour la citoyenneté, espace universitaire de débat qui met en place des lieux de questionnement sur des sujets de société. Elle cherche à mieux comprendre la citoyenneté afin de la construire et de l'exercer ensemble. Url : Demosthene.asso.fr/accueil/.

2. Disponible à l'adresse suivante : www.unicaen/fr/recherche/mrsh/crdfed/clinique.

Propos introductifs

La Clinique Juridique des Droits Fondamentaux de l'Université de Caen Normandie

Par Aurore Catherine

La Clinique Juridique des Droits Fondamentaux est une structure d'enseignement expérientiel innovante visant à permettre à des étudiants en droit de travailler sur des cas réels sous la supervision d'enseignants-chercheurs et de professionnels. Inspirée du modèle des *Law Clinics* étatsuniennes, cette structure, née sur le site caennais en 2009, a une triple vocation pédagogique, scientifique et sociale.

Agissant dans le but d'améliorer la protection des droits de l'homme, les activités de la Clinique Juridique des Droits Fondamentaux ont en effet pour objectifs de développer une expertise en droits fondamentaux par la recherche, d'associer chercheurs et praticiens à la compréhension des droits fondamentaux et d'assurer une « formation intégrée » des étudiants sur les droits fondamentaux.

De cette relation tripartite entre enseignants-chercheurs, praticiens et étudiants naît une valeur ajoutée pour la recherche et l'enseignement en droits fondamentaux et, plus largement, pour le domaine des droits de l'homme. La Clinique apporte aux chercheurs, aux étudiants comme aux praticiens une meilleure compréhension des droits fondamentaux et de leurs mécanismes juridiques de protection et permet ainsi de leur assurer une meilleure effectivité.

La Clinique juridique donne ainsi l'occasion aux étudiants de se confronter à des situations réelles et de compléter leur formation théorique par une meilleure connaissance du terrain. Précisément, les étudiants agissent en soutien d'ONG et d'institutions sur des projets touchant aux droits fondamentaux [1]. La Clinique juridique, aujourd'hui proposée aux étudiants de Master 1 au premier semestre dans le cadre du cours de Droit international et européen des droits de l'homme et aux étudiants de Master 2 Droit des libertés sur toute l'année universitaire, est aussi l'occasion d'apprendre à se positionner en juriste, en futur professionnel du droit. La structure vise ainsi à mieux préparer les étudiants à l'insertion dans la vie professionnelle et participe, de cette façon, de la professionnalisation des études de droit qui est un axe de la réflexion actuellement menée sur la réforme des études de droit. Il s'agit d'apprendre à mettre en mouvement le droit et d'en saisir toute la dynamique.

L'un des objectifs de l'enseignement clinique du droit est de favoriser l'autonomisation des étudiants et l'apprentissage de la collaboration. Au-delà d'être des acteurs de leur formation, les étudiants-cliniciens en deviennent les leaders. Tout au long du projet, les étudiants sont maîtres du calendrier et des actions à mener. Ils sont ainsi force de proposition : ils doivent pouvoir apprendre à définir leurs besoins. Une telle transformation de l'approche éducative ne peut se faire sans un soutien mesuré mais efficace de l'équipe enseignante. C'est donc aussi une nouvelle façon d'enseigner : savoir encadrer tout en laissant une marge suffisante de manœuvre aux étudiants dans la détermination des pistes de recherches et de leur travail de façon à leur permettre de s'autonomiser. Ainsi, la Clinique juridique s'inscrit dans la politique d'innovation pédagogique de l'Université qui promeut de nouvelles formes d'apprentissage. Elle permet de mettre en place dans la discipline juridique une pédagogie vivante et de redonner ainsi au droit la dimension sociale qui lui est intrinsèque. En outre, elle participe à faire de l'étudiant l'acteur de sa propre formation ainsi qu'un acteur au sein de la communauté

---

1. En 2014-2015, la Clinique a, par exemple, participé à la rédaction d'un pré-rapport adressé par des ONG au Comité des droits économiques, sociaux et culturels des Nations-Unies sur les violations de ces droits au Sahara occidental. En 2012, la Clinique a élaboré pour la FNASAT (fédération nationale des associations de solidarité d'action avec les Tsiganes et les Gens du voyage) un rapport sur la constitutionnalité et la conventionnalité de la loi du 3 janvier 1969 relative à l'exercice des activités ambulantes et au régime applicable aux personnes circulant en France sans domicile ni résidence fixes.

universitaire. Partie prenante au Réseau des cliniques juridiques francophones qui s'est constitué officiellement en 2016, la Clinique Juridique permet de développer les relations avec les autres cliniques existantes et d'échanger sur les expériences pédagogiques mises en œuvre.

En 2015-2016, la Clinique a répondu à l'appel à Projet « Droit de l'Homme 2015 » de la Région Normandie et a élaboré un rapport à la demande de l'association Démosthène sur **le droit aux visites familiales des personnes détenues en France**. Pour évaluer le sujet et mener une réflexion approfondie, le travail des étudiants a reposé, dans le cadre d'un projet à mener sur une année universitaire, sur trois étapes de travail.

La première a été celle durant laquelle les étudiants se sont saisis du sujet en procédant à des recherches théoriques. Après avoir rencontré la structure demandeuse, qui a présenté son organisation, ses actions et son questionnement juridique en le replaçant dans un contexte politique, économique, sociétal et social, les étudiants ont dû mobiliser leurs connaissances et entreprendre une démarche de recherche en vue de maîtriser le sujet dans ses aspects théoriques. Ils ont ainsi procédé à un état des lieux du droit interne, européen et international, impliquant d'acquérir la connaissance des textes existants et de la jurisprudence dans toutes ces dimensions.

La deuxième étape a consisté pour les étudiants à se rendre sur le terrain pour mener des entretiens auprès de magistrats, d'avocats, d'associations de familles, de l'Administration pénitentiaire et, au sein d'établissements pénitentiaires, des directeurs, de surveillants et de détenus, en vue de confronter la théorie à la pratique du droit.

La dernière étape du projet a été consacrée à l'élaboration d'un rapport confrontant les données théoriques et les données pratiques recueillies lors des entretiens. Une dimension prospective était attendue : face aux difficultés soulevées dans la confrontation entre théorie et pratique, les étudiants devaient pouvoir faire des propositions d'amélioration du droit. Cette approche doit permettre aux étudiants de participer à l'innovation juridique. Les structures saisissantes sont en effet aussi dans l'attente de nouvelles propositions pour tenter d'améliorer ce qui ne fonctionne pas ou mal. La Clinique participe ainsi à la promotion de la recherche.

À l'issue de l'année universitaire, ce travail a donné lieu à l'organisation d'un colloque sur *Le droit aux visites des personnes incarcérées en France*, organisé à l'Université de Caen le 27 octobre 2016, dont les actes sont publiés ici, ce qui a permis à des étudiants du programme de prendre la parole et de présenter le rapport établi.

Le rapport de la Clinique juridique « Le droit aux visites des personnes détenues en France »

Par Léa Duval, Fanny Gabroy

La Clinique juridique des droits fondamentaux (CJDF) se conçoit comme un espace de réflexion universitaire, associant d'une part, étudiants dès la première année de master et, d'autre part, encadrants enseignants. L'objectif de la Clinique est de fournir un état des lieux du dispositif juridique existant, puis de proposer des modifications normatives, en gardant toujours à l'esprit la nécessaire effectivité des droits fondamentaux. Les résultats obtenus par les membres de la Clinique sont, au final, réunis au sein d'un rapport rédigé par les étudiants de Master II. Au cours de l'année universitaire 2015-2016, il a été traité du droit aux visites familiales des personnes détenues en France [1], une des consécrations du droit au maintien des liens avec l'extérieur [2]. Le colloque relatif au droit aux visites des personnes incarcérées s'inscrit dans le prolongement des travaux de la Clinique. Il intervient, par ailleurs, quelques mois seulement après la rédaction du rapport y afférant. Il est alors l'occasion pour nous de revenir sur ce travail de recherche, en effectuant une synthèse de l'ensemble de nos travaux. Si cette contribution a pour but de mettre en lumière les points les plus saillants – puisqu'il nous est impossible d'évoquer ici la totalité des résultats –, elle vise également à expliquer la singularité du projet clinique. En ce sens, il nous faut évoquer l'originalité de la méthode de recherche en ce qu'elle allie théorie et pratique (**I**). En

---

1. CJDF, *Le droit aux visites familiales des personnes détenues en France*, 2016, unicaen.fr/recherche/mrsh/sites/default/files/public/crdfed/UNIVERSITÉ%20DE%20CAEN%20NORMANDIE%20-%20Mai%202016-%20Rapport%20Clinique%202015-2016.pdf.

2. On songe par exemple aux visites des représentants religieux, aux visites médicales ou encore aux visiteurs de prison.

outre, cette méthode permet de parvenir à des résultats particuliers qui révèlent un certain nombre de paradoxes au sein de la réglementation des visites familiales (**II**).

I. L'originalité de la méthode de recherche

Le déroulement des recherches se divise en deux temps, dont les résultats s'entremêlent lors de la phase de rédaction du rapport. L'aspect théorique des investigations est effectué en amont, tandis que les enquêtes de terrain, propres à l'aspect pratique, sont réalisées par la suite. Eu égard aux conséquentes informations relatives aux visites familiales, il est nécessaire de maîtriser la réglementation existante pour mener les entretiens le plus efficacement possible. Ainsi, l'importante spécificité de la méthode de recherche adoptée tient tant à une diversité de champs de recherche (**A**) qu'aux méthodes duales utilisées pour élaborer le rapport (**B**).

A. Une diversité du champ de la recherche

Le sujet dont la Clinique a été saisie est particulier au regard de sa transversalité. L'étude nécessite effectivement d'appréhender plusieurs domaines juridiques, la pluridisciplinarité en résultant se révèle tant à l'égard de la réglementation qu'à l'égard des participants.

Pluridisciplinarité quant à la réglementation. D'une part, il ressort que le droit privé et le droit public interviennent dans le cadre du droit aux visites familiales en prison. À titre d'exemple, le permis de visite pour une personne en détention provisoire est délivré notamment par le juge d'instruction dans le respect des dispositions du Code de procédure pénale [1], tandis que celui pour une personne définitivement condamnée est octroyé par le chef d'établissement pénitentiaire [2]. De

---

1. Loi n° 2009-1436 du 24 novembre 2009 pénitentiaire, *JORF*, 25 novembre 2009, p. 20192, art. 35, al. 4 ; *Adde*, Code de procédure pénale, art. R. 57-8-8. Il est à noter que la détention provisoire concerne toute incarcération tant que le jugement de condamnation n'est pas passé en force de chose jugée. Ainsi, plus généralement, le magistrat compétent pour délivrer le permis de visite sera le magistrat en charge du dossier.

2. Loi n° 2009-1436 du 24 novembre 2009 pénitentiaire, *JORF*, 25 novembre 2009, p. 20192, art. 35 ; *Adde*, Code de procédure pénale, art. R. 57-8-10.

même, le recours aux fouilles par palpation, intégrales et corporelles internes vis-à-vis des personnes détenues est autorisé par la loi pénitentiaire [1]. En revanche, les fouilles à l'encontre des membres de la famille relèvent du droit commun, à savoir des règles relatives aux perquisitions en procédure pénale [2]. Cette dualité entre les deux sphères du droit irrigue d'ailleurs pour partie les résultats de notre recherche et en particulier les paradoxes relevés [3]. La tradition est de distinguer le droit privé du droit public lorsque est évoquée la pluridisciplinarité et d'intégrer au sein de chacun d'entre eux le droit européen et international. Les recherches de la Clinique juridique sur les visites familiales ont permis de faire émerger toute la spécificité de ces ordres juridiques externes. Malgré leur caractère imprécis et dans certaines hypothèses leur absence d'effet contraignant, ces normes posent un cadre minimal de respect des droits fondamentaux pour les personnes détenues. C'est alors à travers ce cadre de droits fondamentaux que le droit aux visites familiales peut être consacré et protégé. Peut être mentionné, pour exemple, l'article 8 de la Convention européenne de sauvegarde des droits de l'Homme et libertés fondamentales [4], renforcé par la jurisprudence de sa Cour [5].

Pluridisciplinarité quant aux participants. D'autre part, cette spécificité s'est également retrouvée parmi les étudiants, dont certains avaient un profil de droit privé et d'autres de droit public. De même, alors qu'une partie était plutôt spécialisée en droit interne, l'autre l'était davantage en droit international. Le travail de recherche, puis de rédaction, a été encadré par des enseignants de droit public et de droit privé. Outre les membres de la Clinique juridique, les participants sont également l'ensemble des acteurs des visites familiales en prison. Les acteurs du droit, que sont notamment les avocats, magistrats et directeurs d'établissement pénitentiaire, ont une

1. Loi n° 2009-1436 du 24 novembre 2009 pénitentiaire, *JORF*, 25 novembre 2009, p. 20192, art. 57.

2. V. pour l'affirmation de la solution, Cass., crim., 5 janvier 2010, n° 08-87.337, Inédit.

3. V. *infra*, II, A.

4. Conv. EDH, art. 8 : « *1. Toute personne a droit au respect de sa vie privée et familiale, de son domicile et de sa correspondance* ».

5. V. not. Cour EDH, GC, 6 octobre 2005, *Hirst c. Royaume-Uni*, n° 74025/01, § 69 : « *Les détenus en général continuent de jouir de tous les droits et libertés fondamentaux garantis par la Convention, à l'exception du droit à la liberté lorsqu'une détention régulière entre expressément dans le champ d'application de l'article 5 de la Convention. [...] ; ils continuent de jouir du droit au respect de la vie familiale* ».

formation spécifique dans chacun des différents domaines. Certaines problématiques ont ainsi pu être éclairées et étudiées sous différents angles, ce qui a permis d'avoir une approche la plus complète possible. Cela a été le cas, entre autres, pour la jurisprudence administrative interne, dans le cadre des mesures d'ordre intérieur, qui ont été appréhendées de façon plus exhaustive par les spécialistes de droit public. À l'inverse, les aménagements de peine, permissions de sortir ou prérogatives du juge d'instruction, relevant du droit pénal, ont pu être approfondis par les spécialistes de droit privé. Dès lors, c'est par le croisement de ces témoignages variés que l'information recueillie a pu être aussi complète que possible. Mais c'est également par la diversité des participants, la discussion et le partage des idées qu'un rapport englobant l'ensemble des aspects des visites familiales a pu être rédigé.

Aux côtés de la diversité des domaines juridiques, l'originalité du travail de la Clinique juridique repose sur deux types de méthode de recherche.

B. Une dualité des procédés de la recherche

La dualité de méthodes adoptées démontre la singularité des travaux cliniques. Si les recherches théoriques relèvent d'un aspect plus classique des études universitaires, les entretiens réalisés fondent toute la spécificité de l'activité clinique. La confrontation de la théorie et de la pratique a permis d'aboutir à des résultats inattendus.

L'aspect théorique. D'abord, en amont, ont été effectuées des recherches dans la documentation existante sur le sujet. Au sein même de la Clinique, des sous-groupes de recherche ont été formés, sous la supervision d'un encadrant, chaque groupe devant se concentrer sur un thème relatif au droit aux visites des personnes incarcérées : droit international, droit interne, droit élaboré par le Conseil de l'Europe, jurisprudence de la Cour européenne des droits de l'homme et, enfin, jurisprudence nationale. Parmi les différents groupes, chaque étudiant a pu s'intéresser à une problématique particulière. La compilation de ces différentes recherches a donné lieu à la rédaction d'un rapport écrit, lequel était exposé à tous les participants, lors de réunions organisées périodiquement. Si elles permettaient de croiser nos différents résultats, ces réunions rendaient en outre possible le débat sur la nécessité d'aborder certains sujets. Il en a par exemple été ainsi lorsque nous avons choisi de ne pas intégrer dans notre champ d'étude le cas des personnes détenues mineures ou malades. Ces personnes sont soumises à un régime particulier, il nous paraissait peu pertinent d'y consacrer trop de développements. En ce sens, le choix a été fait de cibler les recherches sur le régime général du droit aux visites familiales des personnes détenues. Lors de ces recherches théoriques, certains points saillants ont été remarqués. Ces derniers ont permis de définir un fil conducteur ainsi que les différentes problématiques à aborder.

L'aspect pratique. Ensuite, après avoir compilé les résultats des premières recherches, il paraissait nécessaire, en aval, d'entreprendre des recherches pratiques, pour confronter l'approche technique normative et la réalité de terrain. Cette confrontation devait nous permettre de repérer les différences éventuelles ou attendues entre théorie et pratique. C'est alors que toute la force du travail de recherche clinique a surgi.

Avant de procéder aux entretiens, il convenait de déterminer les acteurs dont le témoignage était pertinent. Cinq environnements liés aux visites familiales en prison ont été ciblés. Des magistrats ont été rencontrés : d'une part, le juge d'instruction, compétent en particulier en matière de délivrance, de suspension et de retrait des permis de visite [1] ; d'autre part, le juge d'application des peines, statuant sur les aménagements de peine et les permissions de sortir pour les personnes détenues [2]. Des avocats ont également fait l'objet d'entretiens. Ces derniers interviennent en milieu pénitentiaire et sont ainsi confrontés à la problématique du droit aux visites. Des contacts ont été pris avec différentes associations. Celles-ci avaient pour objectif soit de favoriser le maintien des liens familiaux en prison, notamment entre le parent détenu et ses enfants, soit d'accueillir les familles de personnes incarcérées lors de leurs visites en prison soit, enfin, de faciliter la venue des familles résidant loin de l'établissement pénitentiaire. Il a été de plus possible de contacter des membres de la direction de l'administration pénitentiaire à Paris, lesquels ont apporté une vision

1. Code de procédure pénale, art. 145-4.
2. Code de procédure pénale, art. 712-1.

globale de la politique pénitentiaire française en la matière. Enfin, l'accès à différents types d'établissements pénitentiaires a été indispensable, que ce soit en maison d'arrêt ou en maison centrale. Au sein de ceux-ci, des entretiens ont eu lieu avec des personnes détenues au sujet des visites qu'ils recevaient, mais également avec des surveillants pénitentiaires, chargés en partie de surveiller les parloirs. Des membres de l'établissement pénitentiaire, responsables de la gestion administrative du maintien des liens familiaux, ont été rencontrés, ainsi que les membres de la direction de ces établissements.

C'est ce large panel qui, à notre sens, permet d'avoir une vision globale des visites familiales en pratique. Pour chaque catégorie d'acteurs, il a été possible d'interroger plusieurs personnes. Aussi, cet élargissement a servi à bénéficier d'une vision complète, à notre niveau et, surtout, d'obtenir des regards croisés sur la problématique des visites familiales en prison. Cela a également permis d'examiner l'effectivité des textes concernant ces visites et de conférer à notre rapport, un volet plus concret et, ainsi, plus complet.

En outre, l'aspect pratique autorise l'apprentissage des techniques de l'enquête sociologique de terrain, aspect pluridisciplinaire fondamental dans le cadre du rapport clinique et valorisant pour la culture générale du juriste. En plus de la rédaction des grilles d'entretiens, des enregistrements ont été effectués, lesquels ont été transmis par la suite aux autres membres de la clinique. Lorsqu'il n'a pas été possible d'enregistrer ces derniers, nous avons rédigé une synthèse à l'attention des autres participants. Tous ont pu être informés de l'ensemble des informations recueillies. Cette méthode de travail a permis de réaliser une synthèse complète et objective des entretiens.

Des résultats inattendus. Enfin, les entretiens ont fait émerger des problématiques nouvelles qui n'étaient pas apparues dans les seules recherches théoriques. À titre d'exemple, lors des entretiens, il s'est révélé que la transmission d'objets lors des parloirs était la cause majoritaire des suspensions de permis de visite. Puisque cette transmission est découverte lors des fouilles effectuées par les surveillants pénitentiaires, nous avons estimé que la problématique des fouilles revêtait une importance fondamentale lors de l'exercice du droit aux visites des personnes détenues. Il a donc paru nécessaire de s'intéresser plus amplement au régime des fouilles et à son application en droit français dans le cadre de notre rapport.

La complémentarité entre vision pratique et recherches théoriques a également l'intérêt de mettre en lumière certains résultats surprenants. Ainsi, avait été étudiée, lors des recherches initiales, la problématique de l'autorité parentale du parent détenu, mais suite aux entretiens, nous nous sommes rendus compte que l'exercice du droit aux visites de l'enfant à son parent détenu est rendu très difficile dès lors que l'autre parent ne souhaite pas se rendre au parloir, voire même impossible lorsque cet autre parent refuse de laisser son enfant effectuer la visite. Il nous est alors apparu que le relais des associations était primordial dans ces cas, ce qui ne transparaissait aucunement en théorie. À l'inverse, sur certaines problématiques pour lesquelles était escompté un résultat particulier, ce dernier n'a pas été atteint. À titre d'exemple, nos recherches sur les décisions de la Cour européenne des droits de l'homme, relatives aux visites familiales en prison, avaient démontré l'existence d'une jurisprudence relativement abondante et contraignante sur le sujet. Mais les entretiens en établissement pénitentiaire nous ont révélé que l'influence des décisions de la Cour était relativement restreinte et que le pouvoir de décision au sein de l'établissement ne s'en trouvait que peu affecté.

La spécificité de la méthode de recherche de la Clinique juridique est nécessairement source d'impact sur les conclusions auxquelles nous sommes parvenus, conclusions singulières retranscrites dans le rapport.

II. La particularité des conclusions de recherches

Le rapport de la Clinique juridique, retraçant les conclusions dégagées point par point sur la réglementation du droit aux visites familiales en prison, révèle un certain nombre de paradoxes. Sans prétention d'exhaustivité, le choix a été fait de signaler quelques points saillants. Il appert que ces paradoxes relèvent de la même idée d'absence d'uniformisation des conditions dans lesquelles le droit aux visites familiales s'exerce. Ces différences résultent du dispositif normatif lui-même d'une part (**A**) ou de la mise en œuvre des normes en pratique d'autre part (**B**).

A. Des disparités tenant à la confrontation des dispositifs normatifs

Le régime du droit aux visites familiales provient, comme nous l'avons vu, d'une diversité de normes, issues elles-mêmes de sources de toute nature. Or, ces normes, lorsqu'elles sont confrontées entre elles, font apparaître des différences de traitement entre personnes détenues. Les deux principales différences résident dans la dualité de statut entre la détention provisoire et la condamnation, d'une part, entre les parloirs des associations et les parloirs familiaux, d'autre part.

Dualisme entre détention provisoire et condamnation. D'abord, renvoyant à cette idée de transversalité entre le droit privé et le droit public, le droit aux visites familiales des personnes incarcérées soulève une dualité de régime entre les personnes détenues. Celle-ci découle inéluctablement de la différence de statut entre ces personnes. La personne détenue est tantôt celle placée en détention provisoire, dans le cadre d'une instruction ou en attente d'un jugement ou d'un arrêt, tantôt celle condamnée définitivement. Par cette distinction entre les personnes incarcérées, vont être justifiées des dispositions différentes, des règles propres à chacune de ces deux catégories.

D'une part, relativement à la compétence juridictionnelle, la personne en détention provisoire relève du juge judiciaire et, partant, du droit privé, tandis que la personne condamnée relève du juge administratif, soumis dès lors au droit public. La jurisprudence distingue en effet les décisions relatives au fonctionnement du service public pour lesquelles les juridictions administratives sont compétentes et celles relatives à la nature et à la limite d'une peine infligée par une juridiction judiciaire [1]. Cette divergence résulte spécialement de la compétence pour l'octroi, la suspension ou le retrait du permis de visite [2]. Par conséquent, naît une complexité du

---

1. TC, 22 février 1960, Dame Veuve Fargeaud d'Epied, n° 1647, *Rec. Lebon.*, p. 855.
2. V. *supra*, §I, A.

droit, pouvant conduire à affaiblir l'effectivité du droit au recours juridictionnel. Les enquêtes de terrain nous ont permis de soulever les incompréhensions des personnes détenues et de leur famille sur la compétence juridictionnelle, la nature du recours ou encore la procédure à suivre. Ces incompréhensions peuvent, dans certaines hypothèses, conduire à un abandon de leurs droits.

D'autre part, quant aux modalités relatives aux visites familiales, le régime est distinct entre ces deux catégories de détenus, la loi prévoyant, par exemple, que la personne en détention provisoire a le droit à au moins trois visites par semaine, tandis que le détenu condamné n'a le droit qu'à un minimum d'une visite par semaine [1].

Il est certain que ces distinctions se justifient juridiquement par la différence de statut entre ces deux types de détention et, dès lors, au regard de la différence de situation dans laquelle ils se trouvent. Il s'agit de l'application du principe d'égalité catégorielle [2]. Il est indéniable que l'incarcération en détention provisoire et celle qui suit une condamnation répondent à des objectifs distincts. Dans le premier cas, il s'agit de garantir le bon déroulement de l'instruction, au titre duquel sont à prendre en compte, en particulier, la préservation du secret de l'instruction, l'évitement de la réitération des faits délictueux, la protection des victimes et des témoins le cas échéant, ou encore le besoin de maintenir à sa disposition la personne suspectée [3]. Dans le second cas, l'incarcération est une peine prononcée par une juridiction pénale en réponse à l'infraction commise [4].

---

1. Loi n° 2009-1436 du 24 novembre 2009 pénitentiaire, *JORF*, 25 novembre 2009, p. 20192, art. 35, al. 1.

2 . Application du principe d'égalité catégorielle jugée conforme par le Conseil constitutionnel, qui énonce traditionnellement que « *le principe d'égalité devant la loi, énoncé dans l'article 6 de la Déclaration des droits de l'Homme de 1789 et, à ce titre solennellement réaffirmé par le Préambule de la Constitution, s'il implique qu'à situations semblables il soit fait application de règles semblables, n'interdit aucunement qu'à des situations différentes soient appliquées des règles différentes* » (Cons. const., décision n° 79-112 DC du 9 janvier 1980, *Loi portant aménagement de la fiscalité directe locale*, *JORF*, 11 janvier 1980, p. 85, cons. 3) ; V. pour un exposé du principe d'égalité selon la jurisprudence constitutionnelle, Cons. const., *Table analytique des décisions du 4 octobre 1958 au 30 juin 2016*, p. 1105 et s., consultable conseil-constitutionnel.fr/conseil-constitutionnel/root/bank_mm/Tables.pdf.

3. Code de procédure pénale, art. 144.

4. V. notamment, Code de procédure pénale, art. 707, à propos des objectifs de la peine privative de liberté.

Cependant, si les distinctions apparaissent objectivement justifiées par le principe d'égalité catégorielle, on peut émettre des réserves quant à leur pertinence au regard du droit à la vie privée et familiale, à deux égards. D'une part, l'admission d'inégalités relatives au droit à la vie familiale de la personne détenue elle-même – au titre duquel s'inscrit le droit au maintien des liens familiaux – et fondées sur le statut de cette personne détenue peut être sujet à critique. Le lien entre le droit à la vie familiale et son statut pénal peut en ce sens sembler distendu. D'autre part, la distinction entre ces deux catégories de personnes détenues institue, au surplus, une différence entre les familles, d'autant plus que le titulaire du permis de visite est le membre de la famille. Celui-ci aura, par exemple, seul qualité pour contester le refus ou le retrait de ce permis devant les juridictions. Par conséquent, cette dualité de régime institue des différences entre les familles relativement au droit à la vie familiale mais également vis-à-vis du droit au recours.

Enfin, ces disparités créent, sur le plan pratique, des difficultés de compréhension pour les personnes détenues et leur famille. Il est ressorti de nos enquêtes que ces derniers ne comprennent pas les distinctions, notamment lorsqu'ils passent du statut de détenu provisoire à celui de personne condamnée. Au-delà de divergences en pratique parfois peu compréhensibles, il s'agit également d'une source de complexité du droit, voire même d'inaccessibilité de la justice pour la société civile.

Coexistence des parloirs « associatifs » et des parloirs familiaux « classiques ». Ensuite, les entretiens ont permis d'appréhender la différence tenant au régime des « *parloirs associatifs* » pour les enfants mineurs. Dans le cadre d'un parloir classique, ces derniers doivent être accompagnés d'une personne majeure également titulaire d'un permis de visite. Ce sera alors le plus souvent l'autre parent, non incarcéré, qui remplira ce rôle. Or, il existe des situations de conflit entre les deux parents conduisant au refus du parent libre d'accompagner son enfant mineur au parloir. Nos entretiens ont permis d'appréhender le rôle des associations chargées de favoriser le maintien des liens entre parents détenus et enfants. Ainsi, parfois, l'association prendra le relais et accompagnera l'enfant mineur en établissement pénitentiaire selon le régime des parloirs professionnels. Le régime de ces parloirs est bien plus souple que celui des parloirs familiaux « *classiques* ». En ce sens, les fréquences peuvent être plus importantes, aucune limite n'étant posée par la loi ou par les établissements pénitentiaires ; la durée du parloir peut être plus longue, celle du parloir familial qui varie moyennement autour de quarante-cinq minutes n'est pas imposée. Néanmoins, en pratique, la fréquence et la durée de ces visites dépendent également des moyens humains des associations.

Si des différences dans les conditions d'exercice du droit aux visites familiales, issues d'une lecture conjointe des dispositions normatives, sont bel et bien présentes, elles ne sont pas exclusives. Parallèlement, existent de nouvelles disparités, lesquelles prennent naissance dans la confrontation de la théorie et de la pratique.

B. Des disparités tenant à la confrontation des normes et de la pratique

Des divergences notables surgissent lorsque sont mis en parallèle la réglementation des visites familiales et les témoignages des différents acteurs de ces visites. Ces dernières tiennent soit à un défaut d'efficacité des principes posés, soit à un défaut d'effectivité de ces principes.

Défaut d'efficacité des principes énoncés par le droit positif. Tout d'abord, pour reprendre une définition, « *l'efficacité d'une norme est le rapport entre l'objectif officiellement visé par le législateur au moyen de cette norme et le résultat obtenu concrètement. Elle désigne le fait que la norme produise les effets de politique publique recherchés* » [1]. La méthode de travail clinique a permis d'apprécier l'efficacité des principes posés par les textes. Il s'avère que les textes relatifs au droit aux visites familiales des personnes incarcérées posent des principes tandis que les modalités pratiques sont renvoyées à des sources inférieures. Si les conventions internationales [2], européennes [1] et la

---

1. M.-A. Cohendet, « Légitimité, effectivité et validité », *in* M. Ameller, P. Ardant et J.-C. Bécane (dir.,), *Mélanges en l'honneur de Pierre Avril : la République*, Paris, Montchrestien, 2011, p. 203, sp. p. 209.

2. *Ensemble des principes pour la protection de toutes les personnes soumises à une forme quelconque de détention ou d'emprisonnement* (ONU), principe 19.

loi [2] énoncent le droit à la vie privée et familiale des personnes détenues, l'organisation même de ces droits est renvoyée à des sources inférieures. C'est ainsi que les notes et circulaires de l'administration pénitentiaire régissent l'organisation des visites, s'agissant par exemple du déroulement des parloirs familiaux et des unités de vie familiale [3]. C'est ainsi également que le règlement intérieur de l'établissement pénitentiaire a un pouvoir de délimitation de l'organisation des visites, règlement intérieur édicté par le chef de l'établissement pénitentiaire [4]. Entre autres, si la loi pose la fréquence minimum de visites familiales, la détermination du quota maximum revient au règlement intérieur. Aussi, en pratique, cette fréquence varie entre les établissements. De même, la gestion des retards lors des visites ne résulte d'aucune disposition légale ou réglementaire et sera régie par le règlement intérieur de l'établissement pénitentiaire. Cela est source d'inégalités entre les établissements. Il ressort de nos entretiens que, dans certains établissements, le retard d'un membre de la famille entraîne l'annulation du parloir – ce que les détenus appellent le *« parloir fantôme »* – tandis que dans d'autres établissements, la visite est maintenue.

Par conséquent, les différences de situations entre les établissements pénitentiaires sont implicitement permises par la loi, au sens large, lorsqu'elle se contente d'énoncer des principes ou, à tout le moins, de régir les visites familiales dans leurs grandes lignes. Les dispositions légales ou réglementaires ne pourront pas régir l'intégralité du déroulement des visites familiales, puisqu'il faut prendre en compte la réalité de chaque établissement pénitentiaire. De plus, si la loi – laquelle doit être générale et abstraite – ne peut pas tout régir, dans un souci d'égalité, elle pourrait pour le moins approfondir la réglementation des visites familiales. Au fond, l'objectif visé par le législateur, lorsqu'il énonce le principe du droit

---

1. V. not., Conv. EDH, art. 8 ; Règles pénitentiaires européennes de 2006, règles 24.4 et 24.5.

2. Loi n° 2009-1436 du 24 novembre 2009 pénitentiaire, *JORF*, 25 novembre 2009, p. 20192, art. 35.

3. Note du 4 décembre 2014 relative aux modalités d'accès et de fonctionnement des unités de vie familiale et des parloirs familiaux, *BO Justice*, 31 décembre 2014.

4. V. notamment, Décret n° 2013-368 du 30 avril 2013 relatif aux règlements intérieurs types des établissements pénitentiaires, *JORF*, 3 mai 2013, p. 7609.

aux visites familiales dans les sources supérieures pour chacun, ne correspond pas au résultat obtenu réellement.

Pour tenter d'expliquer ces disparités, il est possible d'en relever les raisons pratiques. Découlent des enquêtes de terrain deux facteurs de variation dans le déroulement des visites familiales au sein des établissements pénitentiaires.

Le premier réside dans la population de l'établissement. Les maisons d'arrêt accueillent en principe les détentions provisoires, les courtes peines et les personnes lors de la procédure d'orientation, tandis que les établissements pour peine vont accueillir les longues peines. Au sein de ces établissements pour peine, se distinguent aussi les centres de détention, lesquels peuvent être spécialisés dans tel ou tel type d'infractions et les maisons centrales accueillant les personnes condamnées particulièrement dangereuses. La population carcérale varie, ainsi que les conditions de détention, l'organisation des visites présente nécessairement des différences. De même, entre un établissement en situation de surpopulation carcérale et un autre établissement qui ne serait pas dans une telle situation, la fréquence des visites, leur durée ou le nombre de personnes admises par visite pourront indéniablement varier.

Le second facteur de variation réside dans la direction de l'établissement pénitentiaire. La personnalité du directeur aura des conséquences non négligeables sur la gestion de l'établissement et, partant, sur l'organisation des visites familiales. Il s'agit d'un facteur humain qui est relevé dans un certain nombre d'entretiens réalisés. Bien que son pouvoir apparaisse nécessaire, le directeur étant à même d'apprécier la situation spécifique de son établissement, les problèmes rencontrés et les réponses à y apporter, un tel pouvoir étendu est toutefois source d'inégalités.

Ces deux éléments, relatifs à la population et à la direction de l'établissement pénitentiaire, en tant que causes de différences, doivent être complétés d'un facteur architectural, lié à la structure de l'établissement. Par exemple, selon l'aménagement des parloirs – parfois « *parloirs box* », parfois « *parloirs grande salle* » – l'intimité de la visite familiale ne revêtira pas la même réalité. En définitive, le principe du droit aux visites familiales, consacré par les sources supérieures, ne remplit pas entièrement le label d'efficacité recherché.

Défaut d'effectivité du principe du maintien des liens familiaux. Ensuite, les principes relatifs aux visites familiales proclamés par le droit manquent dans certaines hypothèses d'effectivité. L'effectivité d'une norme peut se définir comme « *le rapport entre les comportements prescrits par cette norme et les comportements réels. Est effective une règle qui est respectée* »[1]. L'affirmation peut être illustrée avec le principe du maintien des liens familiaux, pour lequel l'effectivité est loin d'être entière. D'une part, le maintien des liens familiaux suppose la possibilité pour la famille de se rendre à l'établissement pénitentiaire et, par conséquent, est conditionné par des questions relatives à l'éloignement. La pratique révèle que le coût des visites est parfois tel que les membres de la famille ne peuvent se rendre à l'établissement pénitentiaire dans lequel leur proche est incarcéré. De même, réponse possible à l'éloignement, les transferts des personnes détenues ne sont, dans bien des hypothèses, pas effectués par l'administration pénitentiaire. D'autre part, l'effectivité du maintien des liens familiaux nécessite que l'établissement soit accessible et qu'il soit, entre autres, indiqué et desservi par des transports en commun. Or, faute de réglementation précise, cela fait parfois défaut. Les entretiens en maison centrale ont permis de se rendre compte que celle-ci n'est absolument pas indiquée par des panneaux. Cet établissement n'est pas non plus desservi par des transports en commun, les personnes ne possédant pas de voiture personnelle doivent s'y rendre en taxi depuis la gare. Enfin, le manque d'effectivité des principes consacrés par les textes peut être également illustré avec les unités de vie familiale (UVF). Mises en place par l'administration pénitentiaire, il s'agit de visites se déroulant dans un appartement aménagé au sein de la prison, visites qui peuvent durer jusqu'à soixante-douze heures [2]. Néanmoins, leur accès reste imparfait notamment pour deux raisons relevées lors des entretiens. La première réside dans le fait que tous les établissements ne sont pas dotés d'UVF. Selon les chiffres communiqués par la direction de l'administration pénitentiaire, au 18 février 2016, il y avait 96 UVF

1. M.-A. Cohendet, « Légitimité, effectivité et validité », *op cit.*, p. 209.

2. V. pour plus d'informations, note du 4 décembre 2014 relative aux modalités d'accès et de fonctionnement des unités de vie familiale et des parloirs familiaux, *BO Justice*, 31 décembre 2014.

réparties sur 30 établissements pénitentiaires, pour 187 établissements pénitentiaires, avec la difficulté d'aménager des UVF dans les établissements anciens et vétustes. La seconde raison repose sur le manque de personnel dans certains établissements équipés d'UVF qualifié pour faire fonctionner ces structures, dans la mesure où ce personnel doit suivre une formation spécialisée.

En définitive, c'est grâce à la méthode spécifique de la recherche clinique que ces résultats ont pu être relevés, que ces paradoxes ont pu être soulevés. À cet égard, le droit aux visites familiales des personnes détenues en France apparaît encore perfectible.

Première partie

Encadrement normatif et pratiques de terrain

L'apport du Conseil de l'Europe : Règles pénitentiaires européennes et jurisprudence de la Cour européenne des droits de l'homme

Par Jean-Manuel Larralde

Créé par le traité de Londres du 5 mai 1949, le Conseil de l'Europe a vocation à promouvoir les principes « *de liberté individuelle, de liberté politique et de prééminence du droit, sur lesquels se fonde toute démocratie véritable* » (Préambule du traité). Cette idéologie sous-tend aujourd'hui l'ensemble des activités de cette organisation intergouvernementale régionale, en particulier celles menées dans le domaine pénitentiaire depuis la mise en place du Comité européen pour les problèmes criminels (CDPC) en 1958 [1]. Tous les organes de l'institution strasbourgeoise, qu'il s'agisse de ses organes politiques [2],

---

1. Le CDPC s'est vu confier, par le Comité des Ministres, la responsabilité de superviser et de coordonner les activités du Conseil de l'Europe en matière de prévention et de contrôle du crime. Il peut proposer au Comité des Ministres les domaines d'action en matière de droit pénal et de procédure, criminologique et pénologique et de conduire les activités dans ces domaines. Il élabore des conventions, des recommandations et des rapports et organise, entre autres, les Conférences du Conseil de l'Europe des Ministres de la Justice et des Conférences de directeurs d'administrations pénitentiaires. V. coe.int/t/dghl/standardsetting/cdpc/CDPC_fr.asp

2. Le Conseil de l'Europe est organisé autour d'un Comité des ministres, organe décisionnaire, composé des ministres des Affaires étrangères des Etats membres ou leurs représentants diplomatiques permanents ; et d'une Assemblée parlementaire. Composée de 324 représentants, elle est l'organe délibérant de l'institution. Elle discute des questions relevant de sa compétence et transmet ses conclusions au Comité des Ministres sous forme de recommandations.

ou de ses organes de contrôle [1], s'accordent aujourd'hui pour promouvoir une utilisation raisonnée des prisons, qui doivent être des lieux de privation de liberté dignes [2] et orientés vers le retour dans le monde libre de détenus réinsérés (ou insérés). Selon la Règle n° 6 des Règles pénitentiaires européennes (RPE), la détention doit permettre de « *faciliter la réintégration dans la société libre des personnes privées de liberté* » [3]. Comme l'a exprimé en d'autres termes la Cour européenne des droits de l'homme dans son arrêt *Maiorano et a. c/ Italie* du 15 décembre 2009 (req. n° 28634/06), une importance croissante doit à présent être « *accordée à la nécessité de ménager un juste équilibre entre la sanction et l'amendement des détenus* » (§ 108). Encore plus précisément, l'accent mis sur l'amendement et la réinsertion des détenus est « *à présent un élément que les États membres étaient tenus de prendre en compte dans l'élaboration de leurs politiques pénales* » (*Harakchiev et Tolumov c/ Bulgarie* du 8 juillet 1994, req. n° 15018/11 et 61199/12, §§ 243-246). Parmi les éléments de réinsertion des personnes détenues figure le droit aux visites, élément fort de maintien des liens avec l'extérieur, dont les

1. Instaurée par la Convention européenne des droits de l'homme du 4 novembre 1950, la Cour européenne des droits de l'homme (Cour EDH) est une juridiction internationale qui peut être saisie d'une requête par un État ou « par toute personne physique, toute organisation non gouvernementale ou tout groupe de particuliers qui s'estime victime d'une violation » des droits ou libertés, garantis par la Convention de 1950 ou l'un de ses Protocoles additionnels. Moins connu, le Comité européen pour la prévention de la torture (CPT) a été créé par la Convention européenne pour la prévention de la torture et des peines ou traitements inhumains ou dégradants du 26 novembre 1987. Il assure, depuis 1987, des visites lui permettant de prévenir les mauvais traitements infligés aux personnes dans les lieux où elles sont privées de leur liberté.

2. Selon la désormais célèbre formule de l'arrêt *Kudla c/ Pologne* du 26 octobre 2000 (req. n° 30210/96), tout Etat est désormais tenu « *de s'assurer que tout prisonnier est détenu dans des conditions qui sont compatibles avec le respect de la dignité humaine* ». En outre, « *eu égard aux exigences pratiques de l'emprisonnement, la santé et le bien-être du prisonnier (doivent être) assurés de manière adéquate, notamment par l'administration des soins médicaux requis* », § 94. Note F. Sudre, « Droit de la Convention européenne des droits de l'homme », *La Semaine Juridique*, chron. I, 291, 2001, p. 128 s.

3. Comité des ministres, Recommandation Rec (2006) 2 sur les Règles pénitentiaires européennes, adoptée le 11 janvier 2006. Adoptées pour la première fois en 1973, révisées en 1987, puis en 2006, les RPE visent à harmoniser les politiques pénitentiaires des Etats membres du Conseil de l'Europe, à favoriser l'adoption de pratiques et de normes communes et à améliorer les standards pénitentiaires des 47 Etats membres du Conseil de l'Europe. Constituées aujourd'hui de 108 Règles, les RPE portent à la fois sur les droits fondamentaux des personnes détenues, le régime de détention, la santé, l'ordre et la sécurité des établissements pénitentiaires, le personnel de l'administration pénitentiaire, ou encore l'inspection et le contrôle des prisons. Sans valeur contraignante pour les Etats, elles constituent néanmoins pour ces derniers un instrument de référence.

indispensables liens avec la famille et les proches. Comme l'indique déjà la Commission européenne des droits de l'homme en 1978, « *la possibilité pour les membres de la famille de rendre visite au détenu (est) un facteur essentiel pour le maintien de la vie familiale* » (*Campbell c/ Royaume-Uni*, déc. du 6 mai 1978, req. n° 7819/77, *D.R.* 14, p. 186). Le droit aux visites des détenus constitue donc une composante de l'article 8 de la Convention européenne des droits de l'homme qui protège le droit à la vie privée et familiale. La Cour de Strasbourg est même allée au-delà en jugeant que lorsque les atteintes au droit aux visites se couplent avec d'autres éléments caractéristiques de conditions de détention indignes (état sanitaire de l'établissement, locaux délabrés, qualité des repas, présence de parasites, etc...), elle peut aboutir à un constat de violation de l'article 3, prohibant la torture et les peines ou traitements inhumains ou dégradants [1].

La lecture des différents textes, conventionnels ou de *soft law*, couplée à l'étude des arrêts de la Cour européenne des droits de l'homme et des rapports de visite du CPT, démontre la volonté de promouvoir un véritable droit aux visites pour les détenus, composante d'un traitement pénitentiaire digne (I). Ce droit au cœur de la préservation des liens sociaux nécessite la mise en œuvre de moyens spécifiques de l'Etat afin de protéger et renforcer son effectivité. Les organes strasbourgeois insistent notamment sur des visites dont le déroulement s'avère respectueux du principe de dignité et protecteur des intérêts du détenu. Ce droit aux visites n'est toutefois pas une liberté pour le détenu, car il s'exerce dans le cadre de fortes contraintes d'exercice (II). Visant tout à la fois à protéger l'ordre public, les exigences de sécurité et les droits d'autrui, les restrictions aux visites sont nombreuses et, pour l'essentiel, validées par les instances du Conseil de l'Europe. Celles-ci s'avèrent en outre très prudentes quant à la consécration d'un droit au rapprochement familial, qui pourrait pourtant être de nature à consacrer de véritables visites protectrices du lien familial et social du détenu.

---

1. V. par exemple l'arrêt *Poltotatskiy c/ Ukraine* du 29 avril 2003 (req. n° 38812/97) concernant la situation d'un prisonnier dans le « couloir de la mort », ne pouvant notamment recevoir de visites de l'aumônier et étant contraint lors de ses visites familiales d'être sous le regard de deux gardes interrompant les discussions lors de la visite à chaque fois qu'un propos « *inexact* » était tenu (§ 14 et 142).

I. Un droit fondamental composante d'un traitement pénitentiaire digne

Vues comme un élément essentiel du maintien des droits sociaux (A), ces visites doivent se dérouler dans des conditions qui ont été posées par les organes du Conseil de l'Europe (B), en respectant notamment le principe de dignité de la personne incarcérée (C).

A. Un droit essentiel au maintien des liens sociaux

La position de la Cour européenne des droits de l'homme est désormais bien connue en matière de visites en prison : si « *la détention, comme toute autre mesure privative de liberté, entraîne par nature des restrictions à la vie privée et familiale de l'intéressé. Il est cependant essentiel au respect de la vie familiale que l'administration pénitentiaire autorise le détenu et l'aide au besoin à maintenir le contact avec sa famille proche* » (*Messina c/ Italie (n° 2)*, 28 septembre 2000, n° 25498/94, §§ 61-62) [1].

Ce droit aux visites, qui a pu concerner dans certains arrêts les visites d'avocats (voir notamment l'arrêt de Grande Chambre *Öcalan c/ Turquie* du 12 mai 2005, req. n° 46221/99), de médecins ou de représentants d'organisations non gouvernementales (voir notamment l'arrêt de Grande Chambre *Ilascu et a. c/ Moldavie et Russie,* 8 juillet 2004, req. n° 48787/99) ou d'un prêtre (voir notamment l'arrêt *Poltoratskiy c/ Ukraine*, 29 avril 2003, req. n° 38812/97) renvoie surtout aux visites familiales, qui sont au cœur des dispositifs de lutte contre la désocialisation, comme le montre la récente décision *Khoroshenko c/ Russie* du 30 juin 2015 (req. n° 41418/04) : « *les autorités nationales sont tenues de prévenir la rupture des liens familiaux et de permettre aux détenus* » (y compris ceux condamnés à la réclusion à perpétuité comme le requérant dans ce cas d'espèce) « *de bénéficier d'un niveau de contact raisonnablement bon avec leurs familles par le biais de visites organisées de manière aussi fréquente et normale que possible* » (§ 134). Dans cette affaire, l'intéressé était soumis à un régime pénitentiaire particulièrement

---

1. V. également Cour EDH, *Estrikh c/ Lettonie*, 18 janvier 2007, req. no 73819/01, § 166 ; *Nazarenko c/ Lettonie*, 1er février 2007, req. no 76843/01, § 25 ; *Epners-Gefners c/ Lettonie*, 29 mai 2012, req. no 37862/02, § 60-66.

strict et autorisé à ne recevoir qu'une seule visite de ses proches par semestre (avec un dispositif de séparation ne permettant aucun contact physique) pendant une durée de dix ans. Cette situation, conclut la Cour, constitue une ingérence « *qui n'a pas ménagé un juste équilibre entre le droit du requérant à la protection de sa vie privée et familiale, d'une part et les buts invoqués par le gouvernement défendeur, d'autre part* » [1]. Cette affaire est également intéressante car elle permet aux juges strasbourgeois de préciser que même s'il n'existe pas actuellement de consensus européen, « *la majorité des États contractants n'établissent aucune distinction en la matière entre les détenus condamnés à la réclusion à perpétuité et les autres catégories de détenus* » en matière de visites et que « *une visite par mois au moins constitue la fréquence minimale généralement admise* » (notamment pour les détenus soumis aux régimes de détention les plus stricts) [2].

Cette approche jurisprudentielle entraîne un contrôle concret, comme le montre l'arrêt *Piechowicz c/ Pologne* du 17 avril 2012 (req. n° 20071/07), dans lequel les juges européens listent le nombre exact de visites reçues par le requérant (147 visites dont 45 visites familiales pendant une période de deux ans) ce qui a été de nature, selon la Cour à « *atténuer jusqu'à un certain point, les conséquences néfastes de son isolement et de sa solitude quotidienne sur son bien-être mental et émotionnel* » (§ 171). Un contrôle concret est également effectué dans l'arrêt *Chernetskiy c/ Ukraine* du 8 décembre 2016 (req. n° 44316/07) qui retient la violation de l'article 8 pour un détenu qui n'avait pu recevoir de visites de sa nouvelle partenaire pendant plusieurs années

---

1. § 148. Plus précisément, « *l'interdiction totale des contacts physiques directs entre le requérant et ses visiteurs et la présence d'un gardien à portée d'ouïe pendant les visites ont contribué à l'impossibilité pour l'intéressé d'établir des liens étroits avec son fils pendant la phase clé de la petite enfance de celui-ci et elles ont également eu des conséquences négatives sur ses relations avec son père âgé pendant la période où celui-ci aurait toujours été en mesure de venir voir son fils. De plus, il est évident que la limitation du nombre de visiteurs adultes et la rareté des visites autorisées ont pu mettre certains proches et membres de la famille élargie du requérant dans l'impossibilité totale de lui rendre visite pendant toute cette période* » (§ 147).

2. § 135. La Cour n'est toutefois pas allée aussi loin que ce que souhaitaient les deux juges Pinto de Albuquerque et Turković qui ont conclu dans leur opinion concordante « *qu'il existe un consensus européen croissant selon lequel aucune distinction ne devrait être établie entre les droits aux visites familiales des détenus condamnés à la réclusion à perpétuité ou à de longues peines et les mêmes droits des autres détenus condamnés et que les détenus condamnés se voient en général accorder un droit aux visites familiales qui varie entre une et quatre visites par mois* » (§ 17 de l'opinion concordante).

d'une durée de 4 heures maximum (et toujours en présence d'un surveillant) au motif qu'il n'avait pu fournir aux autorités pénitentiaires un certificat de divorce attestant de la fin de sa précédente union [1].

Ces solutions sont en phase avec les normes écrites adoptées par les organes de Strasbourg. Ainsi, les Règles pénitentiaires européennes (sur lesquelles s'appuient d'ailleurs explicitement plusieurs décisions dont l'arrêt *Gülmez c/ Turquie* du 20 mai 2008, req. n° 16330/02, § 50) prévoient dès leur première version en 1973 [2] que les détenus « *doivent être autorisés à communiquer avec leur famille (...) et à recevoir à des intervalles réguliers des visites de ces personnes (...)* ». En 1987 [3], ce droit à communiquer (et à recevoir des visites) se trouve étendu aux « *personnes ou représentants d'organismes extérieurs* ». Les Règles précisent en outre désormais que ce droit à communication comporte le droit « *à recevoir des visites desdites personnes à intervalles réguliers* » (§ 43 al. 1 de la sous-partie « *contacts avec le monde extérieur* »). Près de vingt années après, en 2006 (date de la version des Règles en vigueur), le droit aux visites se voit accorder une place encore plus centrale dans le dispositif des droits reconnus aux personnes incarcérées. Le droit aux visites est désormais l'un des éléments explicites du maintien des liens sociaux des détenus puisque ceux-ci doivent se voir reconnaître des modalités de visites leur permettant « *de maintenir et de développer des relations familiales de façon aussi normale que possible* » (Règle 24.4), ce qui doit leur assurer une communication « *aussi fréquente que possible* », notamment par des visites, avec « *leur famille, des tiers et des représentants d'organismes extérieurs* » (règle 24.1). Ces Règles envisagent également les visites non seulement reçues en détention, mais aussi désormais certaines visites que peuvent effectuer les détenus hors de l'établissement, puisque ceux-ci doivent pouvoir être autorisés « *à quitter la prison – soit sous escorte, soit librement – pour rendre visite à un parent malade, assister à des obsèques ou*

1. Et pour cause, puisque le droit ukrainien prévoyait qu'un tel certificat ne pouvait être délivré qu'en mains propres… condition évidemment impraticable pour un demandeur incarcéré !

2. Comité des ministres, Résolution (73) 5, Ensemble de règles minima pour le traitement des détenus, adoptée le 19 janvier 1973.

3 . Comité des ministres, Recommandation R (87) 3 sur les Règles pénitentiaires européennes, adoptée le 12 février 1987.

pour d'autres raisons humanitaires » (Règle 24.7) [1]. D'autres textes insistent aussi sur la nécessité de maintenir les liens familiaux par des visites régulières, comme pour les détenus mineurs condamnés à de longues peines (5 ans et plus) qui doivent pouvoir « *entretenir des relations étroites avec leurs proches* », les majeurs condamnés à de telles peines (ou à la perpétuité) devant se voir « *encourager l'accès à d'autres contacts avec le monde extérieur tels que journaux, radio, télévision et visiteurs extérieurs* » [2].

Ces exigences générales sont également celles du Comité européen pour la prévention de la torture (CPT) selon lequel *« le principe directeur devrait être de promouvoir le contact avec le monde extérieur »*, ce qui implique « *la nécessité d'une certaine flexibilité dans l'application des règles en matière de visites et de contacts téléphoniques à l'égard des prisonniers dont les familles vivent très loin de la prison (rendant ainsi les visites régulières impossibles)* » [3].

B. Des exigences de mise en œuvre pesant sur les autorités nationales

Afin de mettre en œuvre des visites correspondant aux standards européens, les autorités pénitentiaires nationales doivent adopter des mesures concrètes, propres à rendre l'exercice du droit de visite effectif. Cette position est celle de la Cour de Strasbourg qui, mobilisant ici sa théorie des « obligations positives », rappelle depuis maintenant près de quinze ans (depuis l'arrêt *Lavents c/ Lettonie*, 2002) qu'il incombe aux autorités non seulement de permettre, mais aussi *« le cas échéant d'aide(r) (le détenu) à maintenir le contact avec sa famille proche »* (*Trosin c/ Ukraine*, 2012, req. n° 39758/05§ 39).

---

1. Situation sur laquelle la Cour européenne des droits de l'homme a également été appelée à se prononcer dans son arrêt *Ploski c/ Pologne* du 12 novembre 2202 (req. n° 26761/95) dans lequel elle condamne l'Etat pour violation de l'article 8 de la Convention, en raison du refus opposé au requérant de sortir de l'établissement pour assister aux funérailles de ses parents, ce qui ne correspondait à aucun besoin social, n'était pas proportionné aux buts poursuivis (le risque d'évasion de l'intéressé à l'issue de sa permission) et donc non nécessaire dans une société démocratique (§ 39). V. également l'arrêt *Kanalas c/ Roumanie* du 6 décembre 2016 (n° 20323/14).

2. Comité des ministres, Recommandation (2003) 23 concernant la gestion par les administrations pénitentiaires des condamnés à perpétuité et des autres détenus de longue durée, adoptée le 9 octobre 2003, points 32 et 23 a).

3. *Normes du CPT*, 2e rapport général d'activités du CPT –CPT/Inf (92) 3, § 51.

Ainsi dans l'arrêt *Öcalan* (précité) dans lequel le requérant se plaignait de ne pouvoir recevoir les visites de ses avocats qu'à raison de deux visites d'une heure par semaine, la Cour regrette que les autorités n'aient pas permis aux avocats de rendre visite à leur client plus fréquemment et qu'elles n'aient pas mis à leur disposition des moyens de transport plus adéquats (le requérant étant détenu sur une île), ce qui aurait prolongé largement la durée de chaque visite (§ 135). De même dans l'arrêt *Horych c/ Pologne*, du 17 avril 2012 (req. n° 13621/08), la Cour met l'accent sur les visites des enfants et, plus généralement, des mineurs, qui nécessitent « *des arrangements spéciaux et qui peuvent être soumis à des conditions spécifiques dépendant de leur âge, des effets possibles sur leur état émotionnel et leur bien-être et sur les caractéristiques personnelles de la personne visitée* » (§ 131). Il va évidemment de soi que l'action des autorités pénitentiaires vise à faciliter l'exercice des visites et non restreindre leur exercice comme le relève l'arrêt *Vidish c/ Russie* du 15 mars 2016 (req. n° 53120/08*)* dans lequel l'Etat est condamné en raison de l'existence d'une « taxe de visite » dont devaient s'acquitter tous les visiteurs (d'un montant de 320 roubles – soit environ 9 euros – par jour et par visiteur, elle était sensée couvrir des frais de maintenance et d'entretien de la salle des visites et contribuer au paiement des salaires des agents pénitentiaires).

Cette jurisprudence fait à nouveau écho à de nombreux textes adoptés par les organes du Conseil de l'Europe qui rappellent notamment aux Etats certaines exigences concrètes de mise en œuvre des visites. Ainsi la Recommandation relative aux effets de la détention sur les plans familial et social invite les Etats « *à améliorer les conditions de visite en prison des familles, notamment par la mise en place de lieux d'intimité appropriés* » [1]. Dans un domaine plus particulier touchant à l'intimité même de la vie privée, le Comité des ministres précise en 1988 qu'« *il devrait être envisagé de donner aux détenus la possibilité de rencontrer leur partenaire sexuel sans surveillance visuelle pendant la visite* » [2].

---

1. Assemblée parlementaire du Conseil de l'Europe, Recommandation 1340 (1997) relative aux effets de la détention sur les plans familial et social, adoptée le 22 septembre 1997, point 6.6.

2. Comité des ministres, Recommandation R (98) 7 relative aux aspects éthiques et organisationnels des soins de santé en milieu pénitentiaire, adoptée le 8 avril 1998, point 68. Ce texte va plus loin que la jurisprudence actuelle de la Cour de Strasbourg qui dans son arrêt *Aliev c/ Ukraine* du 29 avril 2003, req. n° 41220/98, tout en approuvant le mouvement actuel

On trouve également des recommandations plus particulières, s'appliquant aux visites de certains types de détenus particulièrement vulnérables, ou placés dans des situations particulières. Ainsi en est-il des femmes détenues avec leur bébé, pour lesquelles les visites des familles « *devraient bénéficier d'un degré de priorité élevé, tant au niveau des ressources que de la routine quotidienne* », ce qui passe notamment par un « *régime de visites particulièrement généreux, tant au niveau de la fréquence que de la durée* » pour les pères de ces enfants. Par ailleurs « *la création d'un environnement adapté aux besoins de l'enfant, dans lequel de telles visites peuvent se dérouler, contribuera à favoriser les relations entre le père et l'enfant* » [1]. Les détenus condamnés à de longue peine (voire à la perpétuité) constituent également des personnes présentant des risques particuliers de désocialisation. Afin de limiter ce risque, la Recommandation de 2003 précise que « *des efforts particuliers devraient être faits pour éviter une rupture des liens familiaux et, à cette fin (que) (...) la correspondance, les appels téléphoniques et les visites devraient être autorisés avec la plus grande fréquence et intimité possible. (...)* » [2]. De même les détenus étrangers, pour qui « *des mesures spéciales doivent être prises pour encourager et (leur) permettre (...) de maintenir des contacts réguliers et significatifs avec leurs enfants* » [3]. A leur égard, les autorités pénitentiaires doivent obtenir « *du soutien et des informations (...) dans la mesure du possible, pour permettre aux membres de la famille habitant à l'étranger de (les) visiter* » (point 22.6). Des « *dispositions* » doivent par ailleurs être adoptées « *pour faciliter les visites, la correspondance et d'autres formes de communication entre les enfants et leur parent incarcéré, en particulier lorsqu'ils vivent dans un Etat différent* » (point 22.8). Précision importante, ces détenus, souvent non francophones, doivent être « *autorisés à utiliser une langue de leur choix lors de (leurs) contacts* » (point 22.2). Cette dernière exigence a été également mise en exergue par la Cour européenne des droits de

---

de plusieurs Etats européens en faveur des visites conjugales, accepte que de telles visites puissent être refusées par la protection de l'ordre et prévention du crime conformément à l'article 8 de la Convention (§ 188).

1. Assemblée parlementaire du Conseil de l'Europe, Recommandation 1469 (2000) relative aux mères et bébés en prison, 30 juin 2000, point 11.

2. Point 22.

3. Comité des ministres, *Recommandation (2012) 12 relative aux détenus étrangers*, 10 octobre 2012, point 22.7.

l'homme dans ses arrêts *Nusret Kaya et a. c/ Turquie* du 22 avril 2014 (req. n° 43750/06, 43752/06, 32054/08, 37753/08 et 60915/08) dans lesquels elle juge que la restriction imposée aux détenus turcs concernant l'usage du kurde dans leurs conversations téléphoniques ne respecte pas les exigences de l'article 8 de la Convention européenne des droits de l'homme.

C. Des visites s'exerçant dans la dignité et le respect des intérêts du détenu

Le travail effectué par les organes européens ne vise pas seulement à assurer un rythme de visite acceptable, mais également à imposer des conditions de visite respectueuses de la dignité tant de la personne visitée que des visiteurs et à faire en sorte que ces visites se déroulent dans l'intérêt du détenu.

Ainsi, dans l'arrêt *Zakshevskiy c/ Ukraine* du 17 mars 2016 (req. n° 7193/04), la Cour estime qu'imposer à un détenu de manière systématique des menottes, pour toute sortie hors de la cellule, mais aussi pendant les visites de sa famille peut constituer une violation de l'article 3 de la Convention. De même, la Grande Chambre dans son arrêt *Mozer c/ Moldavie et Russie* du 23 février 2016 (req. n° 11138/10) juge que des visites familiales se déroulant avec la présence continue d'un gardien intimant l'utilisation du russe et non de l'allemand (langue maternelle du détenu et de ses visiteurs) sous peine d'annulation de la visite constitue une violation de la Convention (§ 195). De même l'arrêt *Öcalan* (précité) rappelle que « *(...) le droit, pour l'accusé, de communiquer avec son avocat hors de portée d'ouïe d'un tiers figure parmi les exigences élémentaires du procès équitable dans une société démocratique et découle de l'article 6 § 3 c) de la Convention* » (§ 133).

Mais ce sont surtout les fouilles qui ont mobilisé la Cour européenne des droits de l'homme. Dans les arrêts *Van der Ven* et *Lorsé* du 4 février 2003 (req. n° 50901/99 et n° 52750/99), elle juge que le régime général des fouilles intégrales auxquelles étaient soumises des personnes détenues dans un « établissement de sécurité maximale », à savoir une fouille à corps avant et après chaque visite, infligée durant environ trois ans et demi à M. Van der Ven et plus de six ans à M. Lorsé, alors qu'il n'y avait pour cela aucun impératif de sécurité convaincant, avait porté atteinte à leur « dignité humaine » et ont pu provoquer chez eux des sentiments d'angoisse et d'infériorité de nature à les humilier et à les rabaisser. La même solution est retenue dans l'arrêt *Valašinas c/ Lituanie* du 24 juillet 2001 (req. n° 44558/98). La Cour juge ici qu'une fouille effectuée après une visite personnelle constitue un traitement dégradant violant l'article 3 de la Convention. En effet, mis entièrement nu en présence d'une surveillante dans le but de l'humilier après une visite, l'intéressé avait dû s'accroupir et ses organes génitaux ainsi que la nourriture donnée par ses visiteurs avaient été examinés par des gardiens ne portant pas de gants (§ 114). Cette question des fouilles corporelles après une visite familiale s'est également posée dans l'arrêt *Frérot c/ France* du 12 juin 2007 (req. n° 70204/01). Le requérant, détenu particulièrement signalé et condamné à une peine de réclusion à perpétuité, était fouillé systématiquement au corps chaque fois qu'il quittait la salle des visiteurs de la prison de Fresnes. Tout en reconnaissant que de telles fouilles visaient à maintenir la sécurité et prévenir les infractions pénales, la Cour condamne la France pour violation de l'article 3 de la Convention. Telles que pratiquées, les fouilles ont en effet « *entraîné un sentiment d'arbitraire, (...) d'infériorité et (d)'angoisse (...) et (...) une profonde atteinte à la dignité* » (§ 47). Le récent arrêt *Dejnek c/ Pologne* du 1er juin 2017 a par ailleurs rappelé que le détenu doit toujours disposer des voies de recours lui permettant de contester ces mesures de contrôle (req. n° 9635/13, § 75). Il ne faut enfin pas oublier que les fouilles peuvent également s'avérer particulièrement déstabilisantes et même, dans certains cas, avilissantes pour les visiteurs du détenu. Il convient donc de fouiller ces visiteurs (et notamment les membres de la famille) dans des conditions respectueuses de la dignité de celles-ci comme la Cour l'a rappelé dans son arrêt *Wainwright c/ Royaume-Uni* du 26 septembre 2006 (req. n° 12350/04).

II. Un droit soumis à de fortes restrictions d'exercice

Comme l'a indiqué d'une manière générale la Cour européenne des droits de l'homme, « *un certain contrôle des contacts des détenus avec le monde extérieur est recommandé et (....) ne se heurte pas en soi à la Convention* » [1]. Conformément à cette position de principe, les organes strasbourgeois reconnaissent la légitimité des restrictions aux visites des détenus en raison des exigences de sécurité inhérentes aux établissements, mais aussi de maintien de l'ordre et la nécessité de prendre en compte les intérêts d'autrui (A). Le Conseil de l'Europe laisse également largement ouverte la question importante du choix de l'établissement par les personnes détenues (B).

A. Le respect des exigences de sécurité, de maintien de l'ordre et la prise en compte des intérêts d'autrui

Dès la première version des RPE en 1973, il est indiqué que l'exercice des visites s'effectue « sous la seule réserve des restrictions et de la surveillance nécessaires dans l'intérêt de leur traitement, de la sécurité et du bon ordre de l'établissement » (§ 37). Tout en étendant et précisant les modalités du droit de visite, les RPE, dans leur version de 2006, n'en oublient toutefois pas les possibilités de restriction de ces visites, si cela s'avère « nécessaire à la poursuite et aux enquêtes pénales, au maintien du bon ordre, de la sécurité et de la sûreté, ainsi qu'à la prévention d'infractions pénales et à la protection des victimes » (Règle 24.2). On retrouve donc ici une liste de motifs de limitation de la vie privée et familiale largement inspirée de celles prévues par le deuxième paragraphe de l'article 8 de la Convention européenne des droits de l'homme [2]. Cette position est également celle du CPT selon lequel les limitations aux contacts doivent être « fondée(s) exclusivement sur des impératifs sérieux de sécurité » (mais aussi « sur des considérations liées aux ressources disponibles ») [3].

La Commission européenne a très rapidement établi que l'exercice du droit de visite peut être limité par des exigences de sécurité, à propos de l'affaire d'un détenu concerné par une procédure

1. Cour EDH, *Schemkamper c/ France*, 18 octobre 2005, req. no 75833/01, § 30.

2. Art. 8 § 2 : *« Il ne peut y avoir ingérence d'une autorité publique dans l'exercice de ce droit que pour autant que cette ingérence est prévue par la loi et qu'elle constitue une mesure qui, dans une société démocratique, est nécessaire à la sécurité nationale, à la sûreté publique, au bien-être économique du pays, à la défense de l'ordre et à la prévention des infractions pénales, à la protection de la santé ou de la morale, ou à la protection des droits et libertés d'autrui »*.

3. *Normes du CPT*, 2e rapport général d'activités du CPT–CPT/Inf (92) 3, § 51.

d'extradition vers les Etats-Unis. Sans nier que ces visites étaient importantes pour l'intéressé, la Commission valide l'interdiction totale de celles-ci, car pour les autorités il existait un risque sérieux que le requérant utilise ces contacts avec l'extérieur pour des buts illégaux (*X. c/ Pays-Bas,* dec. du 13 décembre 1965, req. n° 1983/63). La même idée est au cœur de l'affaire *Messina c/ Italie (n° 2)* du 28 septembre 2000 (req. n° 25498/94), dans laquelle la Cour de Strasbourg juge que les restrictions au droit de visite de l'intéressé (soumis pendant quatre ans et demi à un régime spécial de détention, qui entraînait des limitations du nombre de visites familiales (pas plus de deux par mois) et imposait des mesures de surveillance de ces rencontres, les détenus étaient séparés des visiteurs par une paroi vitrée ; § 62) visaient à couper les liens du détenu avec son milieu criminel d'origine. En effet, en raison de la nature spécifique de la criminalité organisée, « *notamment de type mafieux, où les relations familiales jouent souvent un rôle primordial* » (§66), la mesure poursuivait un but légitime (§67). Ce n'est pas autre chose que prévoit la Cour de Strasbourg dans son arrêt *Aliev c/ Ukraine*, 29 avril 2003 (req. n° 41220/98) en précisant qu' « *il faut bien admettre que certaines mesures visant à contrôler les contacts des détenus avec le monde extérieur sont nécessaires et non incompatibles en soi avec la Convention* » (§ 187). Ces mesures peuvent comprendre la limitation du nombre de visites, la surveillance de ces visites, des procédés de séparation et, si la nature de l'infraction ou les éléments caractérisant la situation d'un détenu donné le justifient, la soumission de l'intéressé à un régime pénitentiaire spécifique ou à des modalités de visite particulières (*Hagyó c/ Hongrie*, 23 avril 2013, n° 52624/10, § 84). Mais cette restriction des visites ne signifie pas une liberté de décision pour les autorités pénitentiaires. En effet, même si les autorités nationales bénéficient d'une large marge d'appréciation pour réglementer les contacts d'un détenu avec sa famille (*Boyle et Rice c/ Royaume-Uni*, 27 avril 1988, série A n° 131, § 74), il est toutefois indispensable que les restrictions aux visites (qu'elles soient motivées par des raisons de sécurité ou par d'autres motifs) soient fondées « *sur un besoin social impérieux »* et demeurer *« proportionnées aux buts légitimes recherchés* » [1]. Elles doivent par ailleurs présenter *« une*

1. Cour EDH, *Lavents c/ Lettonie*, 28 novembre 2002, req. n° 58442/00, § 141. Ainsi pour la Cour, le placement d'un détenu dans un régime de haute sécurité en raison d'une lettre de protestation trouvée dans sa cellule et du refus de prendre son petit déjeuner avec les autres co-détenus est illégitime et viole l'article 3 de la Convention (même si ce régime n'a été

dose de flexibilité permettant de déterminer si les limitations apportées dans chaque cas particulier sont opportunes ou réellement nécessaires » (*Khoroshenko c/ Russie*, précité, § 125) et ne pas envisager immédiatement l'interdiction des visites, mais d'abord, si cela est nécessaire, des mesures de contrôle ou de séparation lors des visites (*Kucera c/ Slovaquie*, 17 juillet 2007, req. n° 48666/99, § 130). La Cour refuse en effet la mise en place de restrictions radicales et permanentes (voir notamment l'arrêt *Horych c/ Pologne*), les États devant « *développer leurs techniques d'appréciation de la proportionnalité de façon à permettre à leurs autorités de mettre en balance les intérêts individuels et collectifs concurrents et de prendre en compte les particularités de chaque cas d'espèce* » (*Trosin c/ Ukraine*, précité, § 42). Les règles instaurant les restrictions doivent enfin être précises et accessibles, afin d'éviter tout caractère arbitraire dans leur utilisation et doivent prévoir « *les garanties adéquates et effectives contre les abus que tout système carcéral d'une société démocratique doit prévoir* » (*Ilascu et autres c/ Moldova,* précité, § 439).

A partir de ces méthodes jurisprudentielles, la position de la Cour est aujourd'hui claire : certaines situations, telles que le placement en régime de sécurité renforcé, peuvent entraîner des restrictions aux visites, même pour des périodes prolongées, mais celles-ci ne doivent en aucun cas aboutir à un isolement social total de l'intéressé.

Ainsi dans l'affaire *Van der Ven c/ Pays-Bas* du 4 février 2003 (req. n° 50901/99), la Cour constate que si le requérant a été soumis à des mesures de sécurité très rigoureuses ayant entraîné une limitation stricte des contacts avec l'extérieur (restrictions du nombre de visites de sa famille, visites n'ayant lieu qu'avec un dispositif de séparation), ces contraintes visaient à éviter toute évasion d'un criminel dangereux et n'ont pas abouti à un isolement social total, qui aurait constitué un traitement inhumain et qui ne peut jamais être justifié par une raison quelconque [1]. Par contre, dans l'affaire *Ilascu et autres c/ Moldova et Russie* (précité), la Cour assimile les conditions de détention d'un détenu en isolement cellulaire pendant près de dix ans avec

---

appliqué que pendant une durée de trois mois). Cour EDH, *Karykowski c/ Pologne* et *Prus c/ Pologne*, 12 juin 2016 (req. n° 653/12 et 5136/11).

1. F. Sudre, « Droit de la Convention Européenne des droits de l'homme », *La Semaine juridique*, chronique, I, 160, 2003, p. 1569 s.

interdiction de tout contact avec l'extérieur à un traitement inhumain (le régime de détention comportait une sélection discrétionnaire des visites de la famille, mais également l'absence de contacts avec les autres détenus, l'impossibilité de lire des journaux dans sa langue, l'impossibilité d'accéder à un avocat…) [1]. C'est la même méthode qui est retenue par la Cour dans son récent arrêt *Khoroshenko c/ Russie* (précité) concernant un condamné à mort soumis à un régime spécial de détention. L'article 8 de la Convention est ici violé en raison de la trop faible fréquence des visites et de l'absence presque totale de droit de visite pendant une période anormalement longue de dix ans, ce qui a entraîné une perte totale des liens entre le père et son fils. La Cour rappelle toutefois dans cet arrêt que « *dans le contexte des prisons de haute sécurité, l'application de mesures telles qu'une séparation physique peut être motivée par les impératifs de sécurité en vigueur au sein de l'établissement concerné ou par le risque qu'un détenu communique avec des organisations criminelles par le truchement de membres de sa famille* » (§ 125).

Dans son arrêt *Sabou et Picarlab c/ Roumanie* du 28 septembre 2004, (req. n° 46572/99), la Cour souligne enfin que la prise en compte d'autres intérêts que ceux du détenu peut aussi affecter le régime des visites. Ainsi en est-il des enfants des personnes incarcérées, puisque « *dans les affaires de ce type, l'examen de ce qui sert au mieux l'intérêt de l'enfant est toujours d'une importance cruciale* », ce qui signifie que « *l'enfant doit passer avant toute considération et (qu') un comportement particulièrement indigne peut autoriser qu'une personne soit privée de ses droits parentaux dans l'intérêt supérieur de l'enfant* » (§ 47). Il est donc possible aux juridictions internes, dans certains cas justifiés, de prononcer la déchéance des droits parentaux d'un détenu (et donc d'interdire tout droit de visite de ses enfants), afin de répondre « *à une exigence primordiale touchant aux intérêts des enfants* » et de poursuivre « *un but légitime, à savoir la protection de la santé, de la morale, ou de l'éducation des mineurs* » (§ 49). C'est la même solution qui est retenue dans l'affaire *Patera c/ République tchèque* du 26 avril 2007 (req. n° 25326/03), dans laquelle l'enfant refusait systématiquement de voir son père. Face à des autorités nationales ayant pris toutes les

1. On doit toutefois souligner que la Cour, pour aboutir au constat de violation de l'article 3, ne s'est pas contentée de l'examen de la situation en isolement, mais relève également des conditions matérielles de détention inacceptables.

mesures nécessaires pour faciliter le regroupement et qui ne pouvaient se voir imposer de prendre des mesures plus coercitives, la Cour juge qu'il n'y avait pas en l'espèce de violation de l'article 8 (§122).

B. Le refus de reconnaître un droit au rapprochement familial

Le Comité européen pour les problèmes criminels (CDPC) dans l'exposé des motifs au projet de Recommandation sur les condamnés à perpétuité a évoqué un principe de base : « *la préservation des relations familiales est favorisée lorsque la famille peut facilement rendre visite au détenu. Les visites risquent d'être peu fréquentes si la distance à parcourir est grande, en raison du coût du voyage et du temps de trajet. C'est pourquoi (il faut) préconise(r) d'essayer, dans toute la mesure du possible, de placer le détenu dans un établissement proche du lieu où habitent sa famille et ses proches* » [1]. Les exigences pesant sur les Etats afin de mettre en place des visites effectives risquent en effet d'être réduites à néant si le détenu se trouve incarcéré loin de ses proches ou soumis à de fréquents changements d'établissements. Or les normes écrites du Conseil de l'Europe évoquent cette question pourtant essentielle de manière assez timide. Ainsi pour les RPE (version 2006), les détenus doivent être répartis « *autant que possible* » dans des prisons situées près de leur foyer ou de leur centre de réinsertion sociale (Règle 17.1). La Recommandation (2012) 12 (précitée) a également formulé cette nécessité pour les détenus étrangers, pour lesquels les autorités pénitentiaires doivent « envisager » le placement « *dans des prisons situées à proximité de moyens de transport permettant à leur famille de leur rendre visite* » (point 16.2). De même, la Recommandation (2003) 23 (précitée) précise que pour les détenus de longue durée et condamnés à perpétuité « *des efforts particuliers devraient être faits pour éviter une rupture des liens familiaux et, à cette fin, les détenus devraient être affectés, dans toute la mesure du possible, dans des prisons situées à proximité de leurs familles ou de leurs proches* » (point 22).

---

1. CDPC, Projet de Recommandation Rec (2003)… du Comité des Ministres aux Etats membres concernant la gestion par les administrations pénitentiaires des condamnés à perpétuité et des autres détenus de longue durée et son projet d'exposé des motifs, 24 septembre 2003. Le point 22 de la Recommandation (2003) 22 précise effectivement que « *les détenus devraient être affectés, dans toute la mesure du possible, dans des prisons situées à proximité de leurs familles ou de leurs proches* ».

A cette timidité des normes écrites correspond une approche en demi-teinte des organes strasbourgeois, comme le démontre la décision *Ouinas c/ France* du 12 mars 1990 (req. n° 13756/88) dans laquelle la Commission européenne des droits de l'homme, tout en se demandant « *si des efforts plus soutenus en vue de rapprocher le requérant du lieu de résidence de sa fille* » auraient pu être faits (détenu à Moulins, il avait obtenu un droit de visite pour sa fille résidant à Caen), ne voit aucune violation de l'article 8 de la Convention en raison de la marge d'appréciation que possèdent les autorités nationales chargées de l'exécution des peines en matière d'affectation des détenus. Plus récemment, dans sa décision sur la recevabilité dans l'affaire *Ospina Vargas c/ Italie* du 6 avril 2000 (req. n° 40750/98), la Cour rappelle que « *la Convention n'accorde pas aux détenus le droit de choisir le lieu de détention et que la séparation et l'éloignement du détenu de sa famille constituent des conséquences inévitables de la détention* » (position déjà retenue dans l'arrêt *Rodzevillo c/ Ukraine* du 14 janvier 2016, req. n° 38771/05). Toutefois, « *le fait de détenir une personne dans une prison éloignée de sa famille à tel point que toute visite s'avère en fait très difficile, voire impossible, peut dans des circonstances exceptionnelles constituer une ingérence dans sa vie familiale, la possibilité pour les membres de la famille de rendre visite au détenu étant un facteur essentiel pour le maintien de la vie familiale* ». Cette position de principe a été confirmée par la Cour dans ses décisions *Labaca Larrea c/ France et a.* du 2 mars 2017 (req. n° 56710/13, 56727/13, 57412/13) et *Polyakova et a. c/ Russie* du 7 mars 2017 (req. n° 35090/09, 35845/11, 45694/13 et 59747/14). Dans la première espèce, les juges strasbourgeois relèvent la fréquence soutenue des visites dont ont pu bénéficier les requérants (respectivement 402, 453 et 343 visites), auxquelles se sont ajoutés des contacts téléphoniques, pour ne pas retenir de violation de l'article 8 de la Convention. Dans la deuxième espèce au contraire, la Cour (qui met en avant les principes de dignité (§ 87) et l'objectif de réhabilitation inhérent à toute peine privative de liberté (§ 88)) précise que « *les autorités nationales ont l'obligation de prévenir la rupture des liens familiaux et doivent assurer aux prisonniers un niveau de contact avec leur famille raisonnablement satisfaisant, avec des visites organisées aussi fréquemment que possible et dans des conditions aussi normales que possible* » (§ 89). En conséquence, les autorités pénitentiaires nationales ne peuvent décider de l'affectation des détenus sur la base de textes imprécis et généraux, sans aucune consultation des prisonniers ni de leurs familles, offrant ainsi aux autorités un trop large pouvoir discrétionnaire. Tout en refusant de fixer des critères fixes tels qu'un maximum de kilomètres entre le lieu de détention d'un prisonnier et sa famille, la Cour impose toutefois aux autorités compétentes de prendre en compte les intérêts du détenu et de sa famille (comme cela avait déjà été souligné dans l'arrêt *Khoroshenko et a. c./ Russie* du 30 juin 2015 [1]). Par ailleurs, les décisions de transfert doivent pouvoir faire l'objet d'un véritable contrôle judiciaire, qui n'aboutisse pas à des décisions de refus systématiques et stéréotypées. Il faut, en résumé, que l'exercice des visites par les proches n'aboutisse pas à des « *déplacements effectués par le(s) proches (qui) aient posé des problèmes insurmontables ou très difficiles à résoudre* » (§ 45 de la dec. *Labaca Larrea et a.,* précitée).

Le refus de consacrer le rapprochement familial ne signifie donc pas que les Etats soient totalement libres d'organiser l'affectation des détenus. La lutte contre l'utilisation systématique des « rotations de sécurité » [2] démontre la volonté de limiter les effets néfastes de certains transferts, qui peuvent être de nature à créer chez le détenu *« un sentiment d'angoisse aigu »*, notamment quant à « *la possibilité de continuer de recevoir les visites de sa famille* » (§ 111) et ne relèvent donc pas de « *conditions humaines de détention* » (§ 112). La Cour rejoint ici les conclusions du CPT, qui a déjà eu l'occasion de préciser à plusieurs reprises que le transfert continuel d'un détenu d'un établissement vers un autre pouvait avoir des conséquences très néfastes sur son bien-être, sur ses possibilités de réinsertion, ainsi que compliquer le maintien de contacts appropriés avec son avocat et sa famille [3].

---

1. V., « Arpenter le champ pénal », pierre-victortournier.blogspot.fr, chronique « Côté Cour EDH », 27 juillet 2015.

2. Afin de prévenir des évasions de détenus particulièrement surveillés (DPS), l'administration pénitentiaire soumettait les intéressés à des changements d'établissements à fréquence élevée, ni formalisés, ni communiqués aux prévenus concernés.

3. « *Le transfert continuel d'un détenu d'un établissement vers un autre peut avoir des conséquences très néfastes sur son bien-être, ainsi que sur ses possibilités de réinsertion et compliquer le maintien de contacts appropriés avec son avocat et sa famille (...). L'effet des transfèrements successifs sur un détenu pourrait, dans certaines circonstances, constituer un traitement inhumain et dégradant* ». Rapport au Gouvernement de la République française relatif à la visite effectuée en France par le CPT du 27 septembre au 9 octobre 2006, CPT/Inf (2007) 44, § 167.

L'action du Conseil de l'Europe en matière de visites en détention offre donc l'image d'exigences évolutives, soucieuses de mettre au centre des dispositifs de lutte contre la désocialisation le maintien de liens avec l'extérieur et tout spécialement de visites familiales. La reconnaissance aux Etats d'une large marge d'appréciation pour l'aménagement de ces visites, ainsi que l'absence de reconnaissance d'un consensus européen en la matière par la Cour de Strasbourg (ce qui ne permet pas d'imposer des solutions uniformes sur ce point) limitent toutefois la portée de ces solutions européennes. Il ne faut toutefois pas oublier que l'ensemble de ces normes, tant écrites que jurisprudentielles, sont évolutives et correspondent à la volonté de mettre en œuvre du « droit vivant ». L'affaire *Khoroshenko c/ Russie* du 30 juin 2015, dans laquelle la Grande Chambre annonce vouloir effectuer « *un rétrécissement de la marge d'appréciation dont jouit l'État défendeur s'agissant d'évaluer les limites admissibles de l'ingérence dans la vie privée et familiale dans ce domaine* » (§ 136) démontre ainsi la volonté constante de continuer à faire pression sur les autorités nationales afin de mettre en place des régimes pénitentiaires respectueux des droits de ceux qui sont privés de leur liberté.

Le droit aux visites familiales des personnes incarcérées depuis la loi pénitentiaire

Par Sylvain Jacopin

L'intégration des droits fondamentaux en droit interne s'illustre parfaitement avec la célèbre « jurisprudence des Baumettes » de 2012 [1] par laquelle le juge des référés du Conseil d'Etat a enjoint à l'administration pénitentiaire, outre les prescriptions déjà ordonnées par le juge des référés du tribunal administratif de Marseille, de prendre les mesures nécessaires à la dératisation et la désinsectisation des locaux. L'article 3 de la Convention européenne prohibant les traitements inhumains et dégradants a ainsi produit de réelles évolutions pour les personnes incarcérées.

Qu'en est-il de l'article 8 relatif au droit au respect de la vie privée et familiale ? Les travaux de la clinique juridique des droits fondamentaux [2] permettent d'opérer deux constats : le droit applicable est, d'une part, empreint de normes juridiques imprécises, produisant des « espaces de variabilité », une marge d'appréciation importante aux juges et, d'autre part, il est largement tributaire de la réalité du

1. Le 22 décembre 2012, le juge des référés du Conseil d'État a statué, après avoir été saisi par la section française de l'Observatoire international des prisons (OIP). Ce recours au juge des référés s'est révélé particulièrement efficace, dans la mesure où, cinq jours après la décision du Conseil d'État, les opérations de dératisation et de désinsectisation ont effectivement débuté au centre pénitentiaire des Baumettes. La procédure du référé-liberté a donc permis « un changement réel et immédiat que les alertes lancées depuis des années par le personnel pénitentiaire et les autorités de contrôle n'avaient pu provoquer ». V. Anne-Gaëlle Robert, *Conditions de détention : lorsque les juges nationaux prennent le relais de la Cour européenne des droits de l'homme*, *Droit pénal* n° 10, Octobre 2013, étude 15.

2. CJDF, *Le droit aux visites familiales des personnes détenues en France*, 2016, consulter unicaen.fr/recherche/mrsh/sites/default/files/public/crdfed/Université%20DE%20caen%20normandie%20-%20Mai%202016-%20Rapport%20Clinique%202015-2016.pdf.

terrain (configuration des prisons, accès géographique, éloignement des familles...), produisant des « espaces de disparité », les autorités pénitentiaires étant tributaires des moyens matériels ou humains de chaque établissement.

Après l'adoption en 2009 de la loi pénitentiaire, il importe dès lors d'analyser son apport face au droit aux visites familiales des personnes incarcérées (I) et l'impact des évolutions récentes dans ce domaine (II).

I. La loi pénitentiaire face au droit aux visites familiales

S'inscrivant dans le cadre du maintien des liens familiaux (B), le droit aux visites familiales, tel qu'il a été formulé dans la loi pénitentiaire, demeure perfectible (A).

A. Un droit pénitentiaire « en trompe l'œil »

1. La loi pénitentiaire, un « jeu de dupes » normatif

Malgré la loi pénitentiaire du 24 novembre 2009, les règles pénitentiaires demeurent en quelque sorte « fragmentées », car elles sont organisées sous la forme d'une pluralité de strates normatives, fondées sur le système des « poupées russes » qui caractérise tout le droit pénitentiaire, dans une logique pyramidale : il existe un dispositif-cadre standard, avec des principes directeurs et, c'est ici certainement le principal intérêt de la loi pénitentiaire et son avancée la plus spectaculaire, puisque les droits subjectifs des personnes incarcérées sont érigés pour la première fois au rang de principe à valeur législative. Autrement dit, apparaît une sorte de « charte interne des droits fondamentaux » de la personne incarcérée, l'équivalent au niveau du droit interne des règles pénitentiaires européennes. Pour autant, la partie réglementaire, y compris sous forme de circulaires, continue largement de réglementer la matière. Cette logique normative s'applique aussi au droit applicable aux visites familiales. Il suffit, à cet égard, de rappeler la circulaire n°179 du 20 février 2012 relative au maintien des liens extérieurs des personnes détenues par les visites et l'envoi ou la réception d'objets, ou le règlement intérieur type des établissements pénitentiaires (art. 29 et 30), annexé à l'art. R. 57-6-18 CPP et créé par décret du 30 avril 2013, en conformité avec le dispositif-cadre (socle commun pour uniformiser la pratique, en permettant un ajustement au niveau local). Le décret a également abrogé l'article D. 402 du code de procédure pénale [1]. Cette suppression est symbolique car la disposition venait en quelque sorte « contrebalancer » les défauts rédactionnels de la loi pénitentiaire en donnant les garanties d'une appréciation *in concreto d*es intérêts en cause.

2. Les défauts rédactionnels de la loi pénitentiaire relative au droit aux visites familiales

L'article 35 de la loi pénitentiaire traite principalement du droit aux visites des personnes incarcérées. A l'examen de la disposition, la formule utilisée interroge : le premier alinéa est ainsi rédigé : « le droit des détenus au maintien des relations avec les membres de leur famille s'exerce soit par les visites que ceux-ci leur rendent soit, pour les condamnés et si leur situation pénale l'autorise, par les permissions de sortir des établissements pénitentiaires ». C'est la reconnaissance d'un droit. Mais, il faut préciser que, dans l'alinéa 2 de l'article 35, une négation est préférée à une affirmation pour préciser le régime juridique des permis de visite en prison pour la famille : « l'autorité administrative ne peut refuser de délivrer un permis de visite aux membres de la famille d'un condamné, suspendre ou retirer ce permis que pour des motifs liés au maintien du bon ordre et de la sécurité ou à la prévention des infractions ». Autrement dit, le principe et l'exception (les restrictions) sont formulés dans une même et unique phrase, ce qui permet de considérer les dispositions en question comme relevant d'un « droit mou », pour reprendre l'expression du député J.-J. Urvoas, dénonçant ainsi le risque d'interprétation arbitraire du texte (v. débats parlementaires, projet de loi pénitentiaire). Cet article entretient également la confusion quant au titulaire du droit de visite. Ce point mériterait d'être clarifié dans la loi. Car l'article énonce, d'une part, que c'est la famille qui sollicite le

---

1. Ancien article D. 402 CPP : « en vue de faciliter le reclassement familial des détenus à leur libération, il doit être particulièrement veillé au maintien et à l'amélioration de leurs relations avec leurs proches, pour autant que celles-ci paraissent souhaitables dans l'intérêt des uns et des autres ».

permis, mais que le droit (subjectif) en cause est celui de la personne détenue à entretenir des relations avec ses proches, d'autre part (v. art. 35, loi pénitentiaire). Enfin, le troisième alinéa de l'article 35, faisant référence à « d'autres personnes que les membres de la famille », s'inscrit quant à lui dans une formulation affirmative pour leur réserver un régime spécifique : celles-ci peuvent se voir opposer, outre les mêmes motifs liés à l'ordre public, le fait que leurs visites « font obstacle à la réinsertion du condamné ». Les débats parlementaires avaient mis en évidence là encore un motif assez flou, qui empêchera certains détenus de voir des proches, à l'exception du visiteur de prison.

3. Une législation relative au droit aux visites familiales, à « droit constant »

Concernant le cadre du régime instauré par la loi pénitentiaire, il n'y a aucune révolution : la loi s'est contentée d'élever au niveau législatif, à droit constant, des règles qui jusqu'alors figuraient dans la partie réglementaire du Code de procédure pénale. La loi pénitentiaire reste d'avancée timide et demeure insuffisante en l'état sur certains points spécifiques. Le législateur n'a tout d'abord pas retenu la proposition de l'avant-projet de loi pénitentiaire qui prévoyait la reconnaissance d'un droit à l'intimité pour les personnes incarcérées (ministère de la Justice, Orientations et préconisations du comité d'orientation restreint de la loi pénitentiaire, nov. 2007, p. 66). Ensuite, s'il faut saluer la consécration législative des systèmes d'unité de vie familiale et l'instauration d'un parloir familial (art. 36) qui, en pratique, permettent au détenu de voir sa famille hors la présence d'un surveillant, il faut regretter toutefois que la procédure d'affectation spécifique aux condamnés ne tienne pas davantage compte du lieu du domicile familial, dont il est fait simplement mention pour le prévenu (art. 34), d'autant que la jurisprudence administrative apprécie strictement le droit d'être affecté dans une prison proche du domicile familial (CE, 27 mai 2009, req. n° 322148). La loi n'a enfin pas fondamentalement amélioré les modalités de visites, notamment quant à leur fréquence ou leur durée (art. 35). Par exemple, la règle des trois fois par semaine au moins pour les prévenus et une seule fois par semaine pour les condamnés (art. 35, al. 1, in fine) n'est que la reproduction du droit antérieur (ancien art. D. 410, al. 2 CPP), conçu pour les maisons d'arrêt où de telles visites ne durent en général qu'une demi-heure. Il s'agit d'un minimum requis. Cela pourrait être beaucoup plus. Se contenter du minimum, est-ce une garantie suffisante du respect de l'article 8 ? A cet égard, il faut convenir que des règles impératives et contraignantes en la matière demeurent complexes à mettre en œuvre, face aux réalités des pratiques et des prisons (manque de structure adaptée, difficulté dans la gestion matérielle et humaine des parloirs, manque de disponibilité de la famille, distance géographique de l'établissement pénitentiaire, etc...). « Principe de réalité », admettent certains praticiens (v. les interviews cliniques). Pour autant, ce système à géométrie variable et disparate n'est-il pas un affaiblissement de l'effectivité du droit au maintien des liens familiaux nécessaire à la réinsertion de la personne incarcérée ?

B. Un droit au service du maintien des liens familiaux

Rappelons le cadre juridique dans lequel s'inscrit le droit aux visites familiales : « le maintien des liens familiaux », en conformité avec l'article 8 de la Convention. « En vue de faciliter le reclassement familial des détenus à leur libération », énonçait l'ancien article D. 402 CPP. Au-delà du respect de l'article 8 de la Convention européenne, l'exigence du lien familial en prison participe aux principaux objectifs de la peine : réinsertion, prévention de la récidive, intérêt de la société. La circulaire précitée du 20 février 2012 souligne par ailleurs l'importance du maintien des liens familiaux comme facteur de réinsertion. Ce maintien s'exerce d'abord par les visites et les permissions de sortir [1] à travers le prisme de l'art. 35, mais aussi par le droit du détenu à la correspondance consacré à l'article 40 et enfin par le droit à l'usage des communications téléphoniques encadré quant à lui dans l'article 39. La famille est ainsi à la croisée de cette

---

1. Visites et Permissions de sortir sont finalement les deux facettes d'un même objet : soit l'individu sort de prison pour voir sa famille, soit c'est la famille qui vient le voir en prison. La difficulté propre aux permissions de sortir est qu'elles sont limitées dans le temps et limitées en nombre. Sur la réglementation : v. l'article 723-3 CPP et D. 145 et s. CPP. Dans ces conditions, le permis de visite en prison demeure le moyen le plus direct et fondamental dans le maintien du lien familial et le « sésame » des familles pour accéder à la prison et conserver un lien direct avec le détenu. Bien évidemment, une « permission de sortir-lien familial » ne sera pas octroyée par le JAP dans le cadre d'une incarcération pour violences conjugales, notamment lorsqu'il y a une interdiction de rencontrer la victime familiale ou les mineurs.

conjugalité de droits. Pour illustrer ce « triptyque » interactif de droits (« droit aux visites/droit aux correspondances/droit au téléphone), il suffit de s'intéresser à l'accès au téléphone. Les échanges téléphoniques permettent non seulement de faciliter les modalités concrètes de visite - par exemple, être informé en amont de la visite d'un membre de la famille car, en pratique, l'information par l'autorité pénitentiaire n'est effectuée que le jour même - mais aussi d'entretenir un lien avec la famille et régler un certain nombre de choses à l'extérieur, parfois en lien avec les enfants du couple. Selon les textes, ils doivent être aussi réguliers que les visites, compte tenu de la difficulté qu'éprouvent certaines familles à se déplacer pour des raisons d'éloignement géographique ou simplement pour des raisons financières. Rappelons que, depuis la loi pénitentiaire, l'accès au téléphone, jusqu'alors réservé aux seules personnes condamnées, a été étendu à toutes les personnes détenues (v. art. 724 à 728, CPP). C'est donc une avancée significative de la loi. En théorie, car le coût d'un appel est élevé (v. rapport clinique). Ne pourrait-on pas dès lors imaginer la gratuité, avec une réglementation précise pour les modalités concrètes ? La question reste taboue. La difficulté est néanmoins réelle, tant du point de vue pratique que juridique. Il suffit de s'intéresser aux téléphones portables : alors qu'ils sont interdits en prison [1], l'utilisation d'un téléphone portable par les personnes incarcérées est fréquente. L'objet illicite est obtenu parfois à l'aide des visites familiales et la sanction peut être immédiate, leur découverte liée à une visite étant un motif de suspension (temporaire ou définitive), voire de suppression du droit de visite. Nous aborderons cet aspect, davantage lié aux incidents lors des visites, plus spécifiquement sur le terrain des fouilles (V. *infra*). Face à ces constats et dans l'objectif du maintien des liens familiaux, l'idée a été lancée par l'actuel contrôleur général des lieux de privation de liberté, Adeline Hazan, d'autoriser l'utilisation dans les prisons de portables

---

1. V. article 29 du règlement intérieur-type des établissements pénitentiaires annexé à l'article R.57-6-18 CPP et circulaire préc. du 20 février 2012. Le chef d'établissement est en effet tenu de saisir le procureur de la République de toute entrée d'objets ou produits interdits ou de toute autre infraction pénale commise au sein des locaux pénitentiaires (article D.274 CPP). Sur l'infraction liée à l'introduction d'objet illicite applicable aux visiteurs : v. article 434-35 CP (un an d'emprisonnement et 15 000 euros d'amende). Ce texte s'applique aussi aux lettres, dessins, ou cadeaux qui n'ont pas fait l'objet d'une autorisation spéciale du chef d'établissement (une tolérance est parfois opérée dans certains établissements : il y a ici une marge d'appréciation du surveillant pour autoriser par exemple la transmission au visité du dessin de son enfant visiteur).

permettant d'appeler un nombre restreint de numéros identifiés. L'expérimentation a par ailleurs été effectuée à la prison de Montmédy, dans la Meuse, depuis l'été 2016, le choix ayant été celui de téléphones fixes dans les cellules individuelles. Le gouvernement a néanmoins rejeté tout projet de modification des textes en ce sens. Comme l'avait déjà rappelé le contrôleur général des lieux de privation de liberté, J.-M. Delarue, il faut pourtant avoir conscience que le téléphone portable en prison est une réalité et il est même parfois « toléré » dans le cadre d'une enquête : il s'agit de fermer « les yeux » sur la faute commise, pour laisser place à l'effet de surprise et de découverte de faits nouveaux (un moyen pour les JI, par les écoutes, de démanteler des réseaux et de trouver d'éventuels complices). L'autre aspect négatif de l'accès au téléphone portable, c'est en effet qu'il permet parfois de prolonger l'activité délinquante à l'intérieur de la prison. A cet égard, le code de procédure pénale permet le contrôle des communications téléphoniques de la personne incarcérée (interception, enregistrement etc…- v. art. 727-1 CPP - ce dernier texte ayant été modifié par la loi du 27 février 2017). Il est désormais précisé que « le procureur de la République est immédiatement avisé de la découverte, dans un établissement mentionné au I, de tout équipement terminal, système informatique ou support de données informatiques dont la détention est illicite ». A cet égard, la disposition vient renforcer le système mis en place par la loi du 3 juin 2016 pour lutter contre les transferts d'objets illicites.

II. Le droit aux visites familiales face aux réformes postérieures

Il importe de s'intéresser principalement à la loi du 3 juin 2016, car elle permet d'aborder deux aspect essentiels du droit aux visites familiales : d'une part, la question de la motivation des refus (ou suspension) des visites et celles des voies de recours, encore insuffisantes, en particulier dans le cadre de l'article 145-4 CPP (A) et, d'autre part, le régime des fouilles pour lutter contre l'introduction d'objets illicites par le biais des visites, avec la remise en cause de l'individualisation instaurée par la loi pénitentiaire (B).

A. Motivation et voies de recours : des modifications insuffisantes

1. Une motivation abstraite et des recours imparfaits

La motivation dans notre matière s'inscrit dans une double logique : une logique judiciaire de justification des restrictions prévues dans le cadre du droit aux visites familiales et une logique de sécurité au sens le plus large. Il convient de souligner que les motifs liés au « bon ordre » et à la « sécurité publique » ne sont pas précisés. Toute l'architecture de loi pénitentiaire est là encore bâtie sur ce modèle et le droit aux visites familiales n'y échappe pas. En effet, la loi ne précise pas de manière précise et exhaustive les motifs qui légitimeraient une mesure de refus ou de suspension de permis de visite, ni leur durée. La motivation est donc très générale, ce qui n'est pas satisfaisant au vu des enjeux du droit en cause (v. *supra*). Tout en ayant conscience de cette carence, il faut néanmoins souligner une avancée significative de la loi pénitentiaire en la matière : le législateur en 2009 a apporté une légère amélioration au sort des condamnés, puisqu'il adopte le principe de la motivation des décisions relatives à un permis de visite. Par rapport au droit antérieur (v. anc. art. D. 404 CPP), il a été aussi ajouté un nouveau critère, avec la loi pénitentiaire : la « prévention des infractions ». Par exemple, précise la circulaire du 20 février 2012, si le visiteur a un « comportement inadapté » (une « étreinte jugée trop affectueuse » [1]) ou s'il a déjà tenté d'« introduire irrégulièrement certains objets dans l'établissement » (kebab, viande, stupéfiants, téléphones portables…) [2]. L'équivalent existe désormais pour les prévenus, puisque, depuis la loi du 3 juin 2016 pour les prévenus, dans l'article 145-4 CPP, il est précisé que le magistrat en charge du dossier peut refuser le permis, pour des considérations liées au déroulement de

1. Notons ici que toute personne incarcérée surprise dans des rapports intimes au parloir est passible de sanctions disciplinaires, après la rédaction d'un rapport d'incident pour avoir « imposé à la vue d'autrui des actes obscènes ou susceptibles d'offenser la pudeur » (art. R57-7-2 CPP- anc. art. D. 249-2 5° CPP - créé par Décret n°2010-1634 du 23 décembre 2010). Il s'agit d'une faute disciplinaire du deuxième degré. Un texte qui renvoie finalement au délit d'exhibitionnisme. La visite peut être immédiatement suspendue (sur le fondement du « comportement inadapté ») : c'est alors l'interruption de la visite. Les conséquences peuvent s'enchainer en cascade : aux sanctions de quartier disciplinaire pour le détenu ou de parloirs avec hygiaphone pour les prochaines visites, s'ajoutent des punitions indirectes telles qu'un retrait de réductions de peine pour « mauvais comportement »…

2. Concrètement, c'est le plus souvent la référence au casier judiciaire qui va constituer le critère décisif (v. les travaux de la clinique juridique).

l'enquête ou les nécessités de l'instruction, comme c'était le cas auparavant (seul et unique motif : par exemple, le risque de concertation frauduleuse ou le risque de pression sur le témoin ou la victime, même s'il y a peu de chance dans ce cas qu'une victime demande un permis de visite, ou encore la découverte d'objets illicites à l'issue d'un parloir, découverte susceptible - rappelons-le - de constituer une infraction pénale), mais aussi pour des raisons liées au maintien du bon ordre et de la sécurité ou de la prévention des infractions. Est-ce à dire qu'il doit refuser un permis lorsque le chef d'établissement lui en fera la demande pour un motif de sécurité ? Cet ajout lié à la sécurité va certainement permettre une saisine plus importante du juge chargé de l'instruction. Il faut voir un changement de paradigme dans cette extension des restrictions du permis de visite, le juge d'instruction pouvant alors interdire un droit de visite sur le seul fondement du profil de l'intéressé, jugé dangereux pour l'établissement pénitentiaire. Un nouveau contentieux judiciaire va dès lors se déployer dans le cadre des restrictions du droit familial, devant le juge de l'instruction cette fois-ci. A cet égard, un recours en cassation s'impose donc, à l'instar de ce qui s'est passé dans le cadre de la juridiction administrative en matière de recours des décisions prises par l'autorité pénitentiaire avec la reconnaissance de la compétence du Conseil d'Etat. Il faut dire que les voies de recours, en particulier concernant le prévenu, avaient été largement débattues dans le cadre de l'élaboration de loi pénitentiaire. Finalement, aucune amélioration n'a été apportée aux recours des prévenus. L'article 145-4 CPP ne prévoit pour tout recours - et uniquement s'agissant des familles des personnes détenues - qu'une saisine du président de la chambre de l'instruction, lequel statue par voie d'ordonnance non contradictoire. Aucun pourvoi en cassation n'est admis alors que, par comparaison à la situation faite aux condamnés, pour ce qui les concerne, l'article 35 de la loi, dite « pénitentiaire », du 24 novembre 2009 renvoie à la compétence du chef d'établissement, dont les décisions sont naturellement susceptibles de contentieux administratif, y compris *in fine*, d'une action devant le Conseil d'État. Un examen de constitutionnalité était attendu en la matière et, par décision du 24 février 2016 [1], le Conseil d'Etat, saisi par la section française de l'Observatoire international des prisons, a renvoyé au Conseil constitutionnel la question prioritaire de constitutionnalité de la

1. M. Herzog-Evans, obs. sous CE, 24 févr. 2016, *AJ pénal 2016*, 334.

conformité des articles 35 et 39 de la loi de 2009 et de l'article 145-4 CPP à l'obligation pour le législateur d'exercer pleinement sa compétence et au droit à un recours effectif. Si, dans cette QPC, était principalement en cause le recours exercé par les personnes autres que les membres de la famille (incompétence négative, puisque la loi ne disant rien, aucun recours ne leur était réservé), était également en cause, au regard cette fois-ci des membres de la famille, deux éléments : 1°) le fait que le juge d'instruction n'avait pas de délai pour statuer de manière expresse sur les demandes de permis de visite et l'absence de décision de rejet implicite par l'écoulement d'un certain délai ; 2°) le fait qu'après la clôture de l'instruction ou en l'absence d'instruction, il n'y avait pas de contestation possible des décisions de l'autorité judiciaire en matière de permis de visite et les motifs de nature à fonder une décision défavorable ne sont pas énoncés. Or, le droit à un recours juridictionnel effectif procède de l'article 16 de la Déclaration de 1789. C'est précisément sur ce fondement que le conseil constitutionnel a censuré (décision du 24 mai 2016, n°2016-543 QPC), les troisième et quatrième alinéas de l'article 145-4 du code de procédure pénale ainsi qu'une partie de l'article 39 de la loi pénitentiaire du 24 novembre 2009. Il a estimé que ces dispositions, relatives au droit de visite et au droit de téléphoner des personnes placées en détention provisoire, portaient atteinte au droit au recours effectif et au droit au respect de la vie privée et familiale [1]. Par contre, n'a pas été remis en cause l'encadrement du droit de visite. La loi du 3 juin 2016 a donc été l'occasion pour le législateur de pallier spécifiquement cette censure, sans autre amélioration quant aux recours. Désormais, après la clôture de l'instruction, les attributions du juge d'instruction sont exercées par le procureur de la République selon les formes et conditions prévues au présent article. Il en est de même dans tous les autres cas où une personne est placée en détention provisoire. A défaut de réponse du juge d'instruction ou du procureur de la République à la demande de permis de visite ou de téléphoner dans un délai de vingt jours, la personne peut également saisir le président de la chambre de l'instruction. Un alignement (par le bas) s'est donc opéré, après l'instruction, sur ce qui existait déjà pendant l'instruction. Et, malheureusement, n'est donc toujours pas prévu de recours devant la Cour de cassation.

---

1. Avec report de l'effet de la décision d'inconstitutionnalité à l'entrée en vigueur de nouvelles dispositions législatives ou, au plus tard, le 31 décembre 2016.

Le moins « abominable » article 145-4 CPP continue d'interdire à un prévenu de communiquer durant un maximum de vingt jours, ce qui s'étend à la famille, y compris les enfants de celui-ci. Ce même texte aurait certainement mérité d'être aussi amendé lorsqu'il énonce que le juge d'instruction (le juge chargé du dossier de l'information, v. art. D. 52 CPP) peut aussi refuser de délivrer à la famille du prévenu un permis de visite durant un mois, sans s'en expliquer aucunement.

2. Le cas spécifique de la motivation pour la visite de l'enfant au parent incarcéré

Techniquement et autrefois, les jeunes enfants pouvaient simplement être inscrits sur le permis de visite de leur parent ou proche les amenant au parloir, un peu à l'image de l'inscription des enfants sur le passeport de leur parent, qui était également naguère possible. Cette règle reposait sur l'article 13 d'une circulaire qui datait du 6 septembre… 1948. La circulaire de l'administration pénitentiaire précitée du 20 février 2012 a mis fin à cette règle en posant qu'un enfant, quel que soit son âge, doit obligatoirement avoir son propre permis de visite. Comme l'a déjà énoncé un auteur [1], il faut s'étonner que « cette règle n'ait pas fait l'objet d'un texte à valeur normative, voire législative dès lors qu'il touche au droit de la famille ». Un tel texte devrait au surplus avoir « un caractère général, afin d'en étendre l'application aux prévenus comme aux condamnés ».

A l'égard de l'enfant du parent incarcéré, le principe cardinal en la matière est de droit commun : c'est l'intérêt supérieur de l'enfant. Le principe est si essentiel qu'il doit aussi guider les juridictions de l'application des peines dans ce domaine (v. par exemple, Cass. crim. 3 févr. 2010, pourvoi n° 09-84850). Ce principe s'applique nécessairement aussi à la matière pénitentiaire, dès lors que la chambre civile a pour sa part retenu que seul le juge aux affaires familiales devait fixer les conditions des visites d'un enfant à son père (Civ. 1re, 6 déc. 2005), sauf circonstance familiale particulière (par exemple, des violences domestiques envers la mère, ou le risque pour l'enfant à fréquenter un parent violent). L'intérêt d'un enfant est bien

1. M.-Herzog-Evans, *AJ pénal* 2016, 210.

d'entretenir des relations avec ses parents, qu'ils soient incarcérés ou non.

Le permis de visite ne peut être donc refusé à un enfant sur les motifs d'ordre public dits « classiques » (v. *supra*). Pourtant, sous le prisme de l'intérêt supérieur de l'enfant, on peut trouver des motifs de refus assez inédits et hautement contestables et qui démontrent les difficultés judiciaires face au lien familial en prison. Dans une affaire, la juridiction d'instruction a refusé le permis de visite demandé pour un nourrisson, au motif que les conditions d'hygiène d'un parloir de maison d'arrêt ne sont pas compatibles avec la présence d'un si jeune enfant (ordonnance du président de la chambre de l'instruction de Pau 21 janvier 2016 [1]). Il s'agissait en l'espèce d'une visite en maison d'arrêt et la demande de visite avait été présentée au juge d'instruction, afin de rendre visite à un mis en examen, en prenant appui sur l'article 145-4 CPP. Selon le juge d'instruction, sans autre précision, il existe un « danger » pour l'enfant à fréquenter le parloir, en raison « des conditions d'hygiène ». De cette décision, il découle, à notre sens, nécessairement que, quel que soit le statut de la personne incarcérée, la seule autorité en mesure de prendre des décisions en la matière doit être le juge civil, comme semblait d'ailleurs le suggérer la décision précitée de la première chambre civile en date de 2005, afin de fonder l'analyse judiciaire sur le critère unique de l'intérêt supérieur de l'enfant et opérer une appréciation *in concreto,* fondée sur la situation concrète de la relation enfant-parent incarcéré, la situation du détenu et de celle de l'enfant. Le législateur devrait par ailleurs le préciser et imposer ainsi une appréciation *in concreto.* Car, même du point de vue civil, lorsque c'est le juge civil qui statue, après avoir été saisi d'une demande de visite de l'enfant au parent incarcéré, la seule incarcération du parent semble constituer un obstacle à la demande et l'appréciation de l'intérêt de l'enfant s'opère alors de manière abstraite. Pour s'en convaincre, il suffit de citer l'arrêt de la Cour d'appel de Rennes en date du 2 juin 2015 (AJ fam. 2015. 401) qui a suspendu un droit de visite et d'hébergement « pendant le temps de l'incarcération ». En guise de motivation, les juges se fondent, d'abord, sur la fragilité du père incarcéré, là encore sans autre explication. Selon les juges, le père ne ferait ensuite preuve d'aucune

---

1. V. M.-Herzog-Evans, « Bébé interdit de parloir pour cause d'insalubrité », *AJ pénal*, 2016, 210.

collaboration pour permettre une visite au parloir avec l'enfant et pour que leurs retrouvailles se déroulent dans les meilleures conditions. Or, le père avait proposé de rencontrer sa fille au parloir en présence d'un membre d'une association et non d'un membre de la famille maternelle avec laquelle il ne s'entendait pas. Cette modalité du droit de visite a été précisément prévue par le code civil. En effet, depuis la loi du 5 mars 2007, afin de respecter l'exigence de maintien des liens entre l'enfant et ses parents (CIDE, art. 9, §3), lorsque l'intérêt de l'enfant le commande ou que la remise de l'enfant au parent présente un danger, ce droit peut être exercé dans un espace de rencontre désigné par le juge, éventuellement « avec l'assistance d'un tiers de confiance ou du représentant d'une personne morale qualifiée » (C. civ., art. 373-2-9). La demande du père était donc en conformité avec les textes, ce qui démontre que la décision du juge aux affaires familiales a été ici principalement motivée par des considérations d'hostilité de principe aux rencontres en prison. Il convient de rappeler que la loi pénitentiaire a consacré des lieux spécialement prévus et adaptés pour faire rencontrer l'enfant et le parent incarcéré (les parloirs familiaux et les unités de vie familiale).

B. Le nouveau régime des fouilles et la remise en cause de l'individualisation instaurée par la loi pénitentiaire

Les parloirs sont des « zones sensibles », car ils constituent une voie d'entrée possible d'objets ou produits prohibés, notamment de téléphones portables et de résine de cannabis. Le phénomène est connu : la détection de ces « incidents » liés au droit de visite peut s'opérer, du côté des visiteurs, par un système de contrôle et, du côté des détenus, par un système de fouille.

Les visiteurs peuvent en effet être soumis à des « mesures de contrôle jugées nécessaires […] pour des motifs de sécurité » (art. D. 406, al. 2 CPP). En pratique, il s'agit de passages sous des détecteurs de métaux. Les fouilles par le personnel pénitentiaire sont prohibées. Seul un officier de police judiciaire est habilité à fouiller un visiteur dans le cadre d'une perquisition (en lien avec l'infraction, dans le cadre de la recherche de stupéfiants - Crim. 5 janvier 2010, n°08-87.337).

La loi pénitentiaire (art. 57) interdisait, quant à elle, les fouilles systématiques de détenus à la sortie des parloirs. Leur nature et leur fréquence doivent être décidées au vu de la personnalité des personnes intéressées, des circonstances de la vie en détention et de la spécificité de l'établissement (art. R. 57-7-79 CPP). Il s'agit ici du principe d'individualisation des fouilles [1]. Les fouilles intégrales y sont prévues par défaut, c'est–à dire si les fouilles par palpation ou l'utilisation des moyens de détection électronique sont insuffisants.

Le droit français a longtemps été très permissif dans le domaine des fouilles en détention. Abrogé en décembre 2010, l'article D. 275 CPP disposait que « les détenus doivent être fouillés fréquemment et aussi souvent que le chef de l'établissement l'estime nécessaire ». Avec la loi pénitentiaire et le régime de l'individualisation, les fouilles sont plus limitées. Pour autant, la loi n'avait pas suffi à faire partout évoluer les pratiques pénitentiaires (v. rapports parlementaires [2]) et la jurisprudence du Conseil d'État a œuvré en ce sens, notamment par le référé liberté-fondamentale (V. par exemple, CE 26 sept. 2012, Garde des Sceaux, ministre de la justice, n° 359479 [3]; également CAA 7 février 2013 [4]). Paradoxalement, la loi du 3 juin 2016 a remis en cause cette individualisation en ajoutant un nouvel alinéa à l'article 57. Il est désormais possible de recourir aux fouilles « dans des lieux et pour

1. Sous l'empire du droit antérieur à la loi pénitentiaire, la France a été condamnée, les fouilles litigieuses étant qualifiées de traitements dégradants prohibés par l'article 3 (Cour EDH 12 juin 2007, *Frérot c/ France*, n° 70204/01, *D.* 2007. 2637, obs. T. Garé et 2008. 1016, obs. J.-P. Céré ; *AJ pénal* 2007. 336, obs. M. Herzog-Evans ; *RSC* 2008. 140, obs. J.-P. Marguénaud et D. Roets et 404, chron. P. Poncela ; Cour EDH, 21 janv. 2011, *El Shennawy c/ France*).

2. Dans leur rapport sur le bilan d'application de la loi pénitentiaire remis au garde des Sceaux le 5 juillet 2012, les sénateurs relevaient, notamment, que les fouilles intégrales, pourtant fortement limitées par l'article 57 de la loi n° 2009-1436 du 24 novembre 2009, « demeurent largement pratiquées » (V. *D.* actualité, 16 juill. 2012, obs. E. Allain).

3. *D. actualité*, 5 oct. 2012, obs. D. Poupeau ; au Lebon ; *D.* 2013. 1304, obs. J.-P. Céré, M. Herzog-Evans et E. Péchillon, *AJ pénal,* 2012. 558.

4. *AJ 2013*, p. 1259. Pour la Cour administrative, le risque que représente le parloir ne peut à lui seul « faire regarder tous les détenus se rendant aux parloirs comme suspects d'introduire ou de tenter d'introduire au sein de l'établissement des objets ou substances prohibés, [...] ou susceptibles de faire courir des risques pour la sécurité des personnes ou le bon ordre dans l'établissement, du seul fait qu'ils sont dans cette situation en contact avec des tiers ; qu'il appartient nécessairement à l'administration de l'établissement pénitentiaire de déterminer quels sont les détenus dont elle estime, au vu notamment des résultats des précédentes fouilles ou de leur comportement en détention, qu'ils entrent dans les prévisions de l'article 57 de la loi pénitentiaire du 24 novembre 2009 ». Autrement dit, les fouilles effectuées en milieu pénitentiaire ne peuvent pas avoir un caractère systématique.

une période de temps déterminés, indépendamment de la personnalité des détenus, lorsqu'il existe des raisons sérieuses de soupçonner l'introduction au sein de l'établissement pénitentiaire d'objets ou de substances interdits ou constituant une menace pour la sécurité des personnes ou des biens ». Une décision de fouille pourrait dès lors s'appliquer à une personne sur le fondement exclusif du lieu dans lequel elle se trouve. Le parloir est bien concerné, notamment à la sortie et ceci, « indépendamment de la personnalité des personnes détenues ». Il s'agit d'une remise en cause frontale de l'individualisation des fouilles, comme s'en était inquiété le contrôleur général des privations des lieux de liberté dès l'adoption du projet de loi [1]. Voté à l'occasion d'une loi relative à la lutte contre le terrorisme, l'exigence de sécurité l'emporte ici.

Pour lutter contre les objets illicites en prison, la loi du 28 février 2017 a également autorisé certains personnels des équipes de sécurité pénitentiaire à intervenir sur l'ensemble du domaine pénitentiaire en cas de risques d'infraction portant atteinte à la sécurité de l'établissement et pour lutter contre les trafics d'objets illicites en prison [2]. Par ailleurs, l'article 435-34 CP s'est enrichi d'un alinéa,

---

1. Le 11 mai 2016, dans une lettre adressée aux membres de la commission mixte paritaire en charge de l'examen de ce projet de loi, le contrôleur général des lieux de privation de liberté (CGLPL) a considéré que cette modification de l'article 57 constituait « une régression importante de notre droit au regard du respect des droits fondamentaux des personnes détenues ». Il a constaté par ailleurs que le recours aux fouilles intégrales demeure très répandu et que les dispositions légales sont appliquées de façon très inégale. La modification du régime des fouilles prévue dans le projet de loi viendrait élargir de façon considérable et disproportionnée la possibilité de procéder à des fouilles intégrales, alors même que le recours aux fouilles est d'ores et déjà pratiqué de façon extensive. Le CGLPL souligne l'absence de données permettant de démontrer que l'instauration par la loi pénitentiaire d'un cadre restrictif de recours aux fouilles a eu pour conséquence d'augmenter l'introduction d'objets interdits en détention. Il ajoute enfin qu'une multiplication des possibilités de fouilles ne peut constituer le seul moyen de lutte contre la présence de téléphones portables, d'armes et de drogue en détention. D'autres solutions doivent être envisagées afin de concilier la sécurité au sein de l'établissement et le respect de la dignité des personnes détenues.

2. V. l'article 12-1 loi pénitentiaire. Les personnels de surveillance de l'administration pénitentiaire peuvent procéder, sur l'ensemble de l'emprise foncière affectée au service public pénitentiaire, au contrôle des personnes, autres que les personnes détenues, à l'égard desquelles existe une ou plusieurs raisons sérieuses de penser qu'elles se préparent à commettre une infraction portant atteinte à la sécurité de l'établissement pénitentiaire. Dans le cadre de ce contrôle, ils peuvent inviter la personne concernée à justifier, par tout moyen, de son identité, procéder à des palpations de sécurité, à l'inspection visuelle de ses bagages et, avec le consentement de la personne, à leur fouille. En cas de refus de la personne de se soumettre au contrôle ou d'impossibilité de justifier de son identité, le personnel mentionné au

pour réprimer spécifiquement « le fait, pour une personne se trouvant à l'extérieur d'un établissement pénitentiaire ou d'un établissement de santé habilité à recevoir des détenus, de communiquer avec une personne détenue à l'intérieur de l'un de ces établissements, y compris par la voie des communications électroniques, hors les cas où cette communication est autorisée en application de l'article 145-4 du code de procédure pénale ou des articles 39 et 40 de la loi n° 2009-1436 du 24 novembre 2009 pénitentiaire et réalisée par les moyens autorisés par l'administration pénitentiaire ».

Alors que le droit aux visites familiales renvoie à la notion d'intimité, les fouilles et les contrôles renvoient davantage à celle de la dignité. Le législateur nous rappelle que la prison est avant tout un espace de sécurité et cet aspect importe, y compris dans le cadre des visites familiales. Dignité et intimité en son sein, voilà néanmoins les enjeux contemporains du droit aux visites familiales en prison : trouver leur juste place.

---

premier alinéa en rend compte immédiatement à tout officier de police judiciaire de la police nationale ou de la gendarmerie nationale territorialement compétent, qui peut alors lui ordonner sans délai de lui présenter sur-le-champ la personne ou de la retenir jusqu'à son arrivée ou celle d'un agent de police judiciaire placé sous son contrôle. La personne ne peut être retenue si aucun ordre n'est donné. Lorsque l'officier de police judiciaire décide de procéder à une vérification d'identité en application de l'article 78-3 du code de procédure pénale, le délai prévu au troisième alinéa du même article 78-3 court à compter du début du contrôle. Les opérations de contrôle ayant donné lieu à l'application du présent alinéa font l'objet d'un rapport adressé au procureur de la République territorialement compétent par le personnel mentionné au premier alinéa du présent article.

Deuxième partie

Les contrôles

L'action du Comité européen pour la prévention de la torture relative au droit de visite de la personne détenue

Par Béatrice Pastre-Belda

Aujourd'hui ratifiée par les quarante-sept États-membres du Conseil de l'Europe, la Convention européenne pour la prévention de la torture et des peines ou traitements inhumains ou dégradants adoptée le 26 novembre 1987 reste plus de vingt-cinq ans après son entrée vigueur (le 1er janvier 1989) d'une actualité saisissante. Alors que les droits de l'homme sont censés avoir pénétré les murs des prisons [1], le contrôle préventif effectué par le Comité européen pour la prévention de la torture [2], lui-même créé par la Convention susmentionnée, demeure un mécanisme de surveillance non-superflu tant les violations des droits de l'homme à l'égard des personnes privées de liberté restent nombreuses. En attestent les récurrents arrêts de condamnations rendus par la Cour européenne des droits de l'homme, notamment sous l'angle de l'article 3 de la CEDH.

Par contraste, l'affirmation selon laquelle la personne détenue demeure un Homme quels que soient ses actes [3] et doit, dans cette logique, bénéficier de la garantie de sa dignité [4] pendant sa détention

1. Selon la Cour EDH, « *les détenus en général continuent de jouir de tous les droits et libertés fondamentaux garantis par la Convention, à l'exception du droit à la liberté lorsqu'une détention régulière entre expressément dans le champ d'application de l'article 5 de la Convention* » (arrêt de GC, 6 octobre 2005, *Hirst c. Royaume-Uni (n°2),* § 69).

2. CPT, ci-après.

3. Voy. B. Maurer, *Le principe de respect de la dignité humaine et la Convention EDH*, La Documentation Française (Monde européen et international), 1999, pp. 50-51.

4. V. J. Howard, « L'état des prisons, des hôpitaux et des maisons de force en Europe au XVIIIe siècle » (nouvelle traduction de l'Anglais, introduction historique et notes, en collaboration avec Christian Carlier), Paris, Editions de l'Atelier, 1994, p. 91.

ne fait aujourd'hui plus aucun doute. Des législations nationales, des textes internationaux ou certaines jurisprudences tant nationales qu'internationales le précisent de manière plus ou moins explicite. Cette prise de conscience s'est accompagnée de l'enrichissement progressif des fonctions assignées à la peine privative de liberté. À une peine fondée exclusivement sur l'idée de punition, s'est ajoutée l'idée d'une peine privative de liberté investie d'une fonction de resocialisation de la personne détenue. Dans cette perspective, la reconnaissance des droits fondamentaux attachés à la personne humaine devient indispensable [1]. La notion de « traitement » des détenus émerge par conséquent en parallèle. Les Règles pénitentiaires européennes de 1975, adoptées au sein du Conseil de l'Europe [2], introduisent précisément ce concept de « traitement » du détenu, concept duquel découle concrètement la reconnaissance de droits au profit de ce dernier qui lui permettront de progresser. À cet égard, le droit pour le détenu d'être visité constitue un droit prééminent dans l'optique d'une resocialisation. P. Darbéda insiste, en ce sens, sur le fait que « le développement des capacités des détenus à entretenir des relations avec leurs parents et amis contribue à la préparation de leur réinsertion » [3]. M. Herzog-Evans ajoute même que « la création de nouveaux liens familiaux peut s'avérer par essence indispensable à la resocialisation, spécialement lorsque la famille a abandonné le détenu ou lorsqu'elle est criminogène » [4].

Consubstantielle à la reconnaissance de l'humanité de la personne détenue, la protection des liens avec le monde extérieur devient donc un élément fondamental de l'exécution de la peine privative de liberté. Il apparaissait dès lors naturel que le CPT se saisisse également de cette question, en lien avec l'exigence de prévention des mauvais traitements mais, nous le constaterons plus bas, de manière également autonome de cette problématique. Lui-même « visiteur » en détention, le CPT a pour principale mission de prévenir les mauvais traitements

---

1. En ce sens, G. Roujou de Boubée, « La protection des droits de l'homme en droit pénal français », *Revue internationale de droit pénal,* 1976, p. 95.

2. Dans leur dernière version : recommandation n° R (2006) 2 adoptée par le Comité des Ministres le 11 janvier 2006.

3. P. Darbéda, « Le maintien des relations familiales des détenus en Europe », *RSC* 1998, p. 597.

4. M. Herzog-Evans, « Droit civil commun, droit européen et incarcération », in « Le droit au respect de la vie familiale au sens de la Convention EDH », F. Sudre (dir.), Bruxelles, Bruylant (Droit et Justice), 2002, p. 247.

en détention. Son pouvoir de visite constitue ainsi « la clef de voûte du système de protection » [1] et en fait par là-même un système original dans l'ordre juridique international. En ce sens, la préface du onzième rapport général du CPT précise que son travail est envisagé comme « une partie intégrante du système de protection des droits de l'homme du Conseil de l'Europe mettant en place un mécanisme non judiciaire « pro-actif » en parallèle au mécanisme judiciaire de contrôle *a posteriori* de la Cour européenne des droits de l'homme » [2]. Contrairement à cette dernière, le CPT n'est pas en effet habilité à statuer sur des plaintes [3], son rôle n'est pas de condamner les États mais de les assister afin de prévenir les mauvais traitements. Dans cette perspective, E. Senna souligne que « l'efficacité de ce mécanisme de prévention des atteintes à la dignité humaine (…) dépend, au premier chef, de la qualité et de la continuité du dialogue avec les États parties concernés et de l'implication durable de ces derniers dans la résolution des atteintes » [4]. Les rapports du CPT issus de ses visites apparaissent donc comme « le point de départ d'un dialogue continu avec l'État concerné » [5]. Cependant, au-delà de ce contrôle *in concreto*, ce système préventif s'est également doté d'une dimension normative. Outre ses rapports de visite, le CPT est en effet tenu d'établir chaque année un rapport général sur ses activités, rendu public. Par ce biais, le CPT a entrepris de poser des principes relatifs au traitement des personnes détenues et a pu ainsi progressivement préciser aux autorités nationales ses exigences relatives, par exemple, aux conditions matérielles de détention, aux soins médicaux ou, comme nous le verrons, aux conditions de visite. La doctrine et le CPT lui-même s'accordent pour comparer ces rapports à des « normes générales »[6] ou à une « jurisprudence » [1], constituant de véritables

---

1. E. Ponroy et Ch. Jacq, « Etude comparative des Conventions des Nations Unies et du Conseil de l'Europe relatives à la torture et aux peines ou traitements inhumains ou dégradants », *RSC*, 1990, p. 317.

2. CPT/Inf (2001) 16.

3. V. R. Morgan et M. Evans, « Combattre la torture en Europe - Le travail et les normes du Comité européen pour la Prévention de la Torture », Edition du Conseil de l'Europe, 2002.

4. E. Senna, « 25 ans du Comité européen pour la prévention de la torture et des peines ou traitements inhumains ou dégradants. Bilan d'activité et perspectives », *Gazette du Palais*, mai 2015, n°141.

5. *Ibid.*

6. En ce sens, v. le premier rapport général d'activité du 20 février 1991, § 96 ; J.-M. Larralde, « La protection du détenu par l'action du Comité européen pour la prévention de la torture », *Cahiers de la recherche sur les droits fondamentaux*, n° 3, 2004, p. 34.

« principes directeurs » [2] relatifs au traitement des personnes privées de liberté. Véritable « indicateur et incitateur » [3], le CPT participe donc activement et de manière concrète à l'élaboration d'un droit pénitentiaire européen commun dépassant largement la seule problématique des traitements inhumains et dégradants. S. Touzé a pu ainsi préciser que « bien que le vocable usité dans la Convention se limite à la torture et au traitement inhumain ou dégradant, le champ opérationnel du Comité s'est progressivement vu redéfinir pour aboutir non pas à une focalisation thématique des garanties mais plutôt à une concentration normative en fonction des individus visés. En ce sens, l'activité générale du Comité gravite non pas sur la seule prévention de la torture mais autour de la protection générale des droits des personnes privées de liberté » [4]. Le CPT a, dès lors, progressivement établi des règles relatives au traitement de la personne détenue, parmi lesquelles figurent celles relatives au maintien des contacts avec le monde extérieur. À cet égard, si le CPT a élaboré une protection générale du droit d'être visité en prison (I), il a également développé en parallèle, de manière sous-jacente, une approche catégorielle (II).

I. La protection générale du droit d'être visité en prison

Tirées de son expérience sur le terrain (B), le CPT a formulé des normes et des recommandations générales relatives à l'exercice du droit de visite (A).

---

1. G. Cohen-Jonathan, « Le Comité européen pour la prévention de la torture et la déclaration publique relative à la Turquie », *Revue générale de droit international public*, 1993, p. 427.

2. C. Marie, « L'influence du Comité européen pour la prévention de la torture et de la Cour EDH sur le droit pénitentiaire », *Annuaire de droit européen*, Vol. I, Bruylant, 2003, p. 859.

3. P. Couvrat, « Le regard du Comité européen pour la prévention de la torture et des peines ou traitements inhumains ou dégradants », *RSC*, 2002, p. 145.

4. S. Touzé, « Les garanties du Comité européen pour la prévention de la torture », in « *Le droit des détenus. Sécurité ou réinsertion ?* », A. Deflou (dir.), *Dalloz*, 2010, pp. 140-141.

A. Les normes et recommandations formulées par le CPT

Très tôt, dans son deuxième rapport général publié en 1992, le CPT a précisé qu'il était « essentiel pour les prisonniers de maintenir de bons contacts avec le monde extérieur. Par-dessus tout, les prisonniers doivent pouvoir maintenir des liens avec leur famille et leurs amis proches. Le principe directeur devrait être de promouvoir le contact avec le monde extérieur (...) » [1]. Par conséquent, le CPT estime que « toute limitation à de tels contacts devrait être fondée exclusivement sur des impératifs sérieux de sécurité ou sur des considérations liées aux ressources disponibles » [2]. Notons, à cet égard, qu'à l'occasion de sa visite en Suisse en 2007, le CPT, en termes de limitation, passe sous silence les considérations liées aux ressources [3]. En revanche, il ne perd pas de vue « qu'il peut être parfois nécessaire, dans l'intérêt de la justice, d'imposer des restrictions aux contacts avec le monde extérieur de certains prévenus. Ces restrictions devraient toutefois être strictement limitées aux exigences de la cause et ne s'appliquer que durant la période la plus brève possible » [4]. En effet, interdisant les restrictions automatiques fondées sur le seul statut de prévenu, le CPT affirme que « toute restriction aux libertés individuelles devrait être fondée sur un examen, au cas par cas, du bien-fondé d'une telle mesure et non être appliquée d'office, quitte au prévenu d'en solliciter la levée » [5]. Dans son rapport de visite adressé au Portugal en 1994 [6], le CPT a donc, en ce sens, précisé que l'occasion devait être donnée aux détenus de préserver leurs relations avec leurs familles et amis et, en particulier, avec leur conjoint ou partenaire et leurs enfants, cela en vue d'assurer leur réadaptation sociale [7]. Concernant le Portugal, il soulignait avec satisfaction que les détenus avaient droit à au moins une heure de visite par semaine. Il prenait néanmoins soin de rappeler qu'il était nécessaire de conserver une certaine flexibilité dans l'application des règles de visite, notamment pour les détenus ayant

---

1. Deuxième rapport général [CPT/Inf (92) 3], publié en 1992, § 51 ; dans le même sens, CPT/Inf (2012) 13, rapport adressé à la France, § 114.

2. Deuxième rapport général [CPT/Inf (92) 3], § 51.

3. CPT/Inf (2008) 33, § 184.

4. *Ibid.*

5. *Ibid.*, § 187.

6. CPT/Inf (94) 9.

7. *Ibid.*, § 145 ; dans le même sens, CPT/Inf (2012) 28, rapport de visite adressé à Andorre, § 46.

des familles vivant loin de la prison. Par exemple, de tels prisonniers pourraient être autorisés à cumuler un certain nombre de périodes de visite [1]. Également, le CPT recommandait que les prisonniers ne recevant pas de visites régulières puissent bénéficier de contacts téléphoniques plus fréquents avec leurs familles [2].

En parallèle, le CPT insiste également sur l'implication nécessaire des services de santé dans le maintien des contacts avec le monde extérieur. Il a ainsi précisé dans son troisième rapport général que le service de santé « peut également contribuer à limiter la désorganisation des liens sociaux et familiaux qui accompagnent le plus souvent l'incarcération » [3]. À cet égard, « il doit soutenir (…) les mesures qui favorisent les contacts des détenus avec le monde extérieur : espaces de visites bien aménagés ; visites des familles ou du (de la) conjoint(e)/ partenaire, dans des conditions appropriées ; permissions de sortir préparées dans un contexte familial, professionnel, éducatif, socio-culturel » [4]. Bien sûr, il incombe en outre au personnel médical de visiter lui-même la personne détenue. Par exemple, lors de sa visite en France en 2010, le CPT a recommandé aux autorités françaises de « prendre les mesures nécessaires afin de garantir que, dans tous les établissements pénitentiaires, les détenus placés dans des conditions d'isolement cellulaire soient visités chaque jour par un membre du personnel de santé » [5]. Plus largement, le CPT avait déjà relevé lors de sa visite à Saint Martin en 1992 qu'une visite journalière d'un infirmier à la prison paraissait souhaitable. « Celui-ci pourrait notamment recevoir les demandes de consultation médicale des détenus, assurer la fourniture des médicaments prescrits et tenir les dossiers médicaux des détenus à conserver dans le local abritant l'infirmerie de la prison, toutes tâches assurées actuellement par le personnel de surveillance » [6]. En outre, le CPT relevait que la visite journalière d'un d'un infirmier s'avérerait également utile dans le cadre du suivi du traitement des toxicomanes, en raison du nombre important de

1. CPT/Inf (94) 9, § 146.

2. *Ibid.*, § 148. Dans le même sens, deuxième rapport général [CPT/Inf (92) 3], publié en 1992, § 51.

3. Troisième rapport général [CPT/Inf (93) 12], publié en 1993, § 63.

4. *Ibid.*

5. CPT/Inf (2012) 13, rapport adressé à la France, § 109.

6. CPT/Inf (94) 13, § 61.

personnes détenues appartenant à cette catégorie [1]. L'effectivité de l'ensemble de ces règles générales est garantie par le contrôle concret que réalise le CPT sur les conditions d'exercice du droit de visite.

B. Le contrôle concret effectué par le CPT sur les conditions d'exercice du droit de visite

Le CPT, concrètement, examine au cours de ses visites un certain nombre d'éléments jugés nécessaires pour encourager une application effective du droit d'être visité, afin que la visite puisse constituer, dans les faits, un utile moyen de resocialisation de la personne détenue. Dans cette perspective, premièrement, le CPT contrôle la taille des pièces destinées à recevoir les visites, ce paramètre influant logiquement sur le temps offert à chaque détenu pour s'entretenir avec sa famille et sur les conditions matérielles du déroulement de la visite. Par exemple, concernant un établissement au Portugal, la délégation avait observé que l'espace était si limité que certains prisonniers et leurs familles avaient dû être debout dans des couloirs pendant toute la période de visite (deux heures). Le CPT avait ainsi recommandé que les installations de visite soient agrandies ou qu'un autre système de réglementation du nombre des prisonniers recevant des visites puisse être trouvé, sans réduire pour autant leur droit de visite global [2]. Également, toujours à l'occasion d'une visite au Portugal, en 2003, le CPT déplorait que les salles dans lesquelles les visites se déroulaient étaient parfois trop petites vu le nombre de personnes concernées (par exemple, à Leiria, la salle de 50 m² pouvait accueillir jusqu'à 80 personnes) [3].

Deuxièmement, le CPT demeure attentif à la durée et aux conditions matérielles dans lesquelles se déroulent les visites. Par exemple, lors de sa visite en Andorre en 2011, la délégation a constaté que, pendant le premier mois de leur détention, les détenus pouvaient seulement recevoir chaque semaine une visite au parloir de 15 minutes, au cours de laquelle ils étaient séparés de leur visiteur par une vitre. Ils avaient droit ensuite à une visite familiale de 30 minutes

1. *Ibid.*
2. CPT/Inf (94) 9, § 147.
3. CPT/Inf (2007) 13, § 95.

par semaine, dans une salle équipée d'une table et de chaises pouvant accueillir au maximum cinq personnes. En raison des contraintes de personnel, les visites n'avaient lieu en principe qu'en semaine. Or, le CPT « considère que les détenus devraient pouvoir recevoir la visite de leur famille et de leurs amis proches sans en être séparés physiquement, sauf cas exceptionnel justifié par des raisons de sécurité. En outre, il estime que le temps de visite autorisé devrait être d'une heure par semaine, si ce n'est plus » [1]. En conséquence, le CPT « recommande qu'en règle générale, les détenus soient autorisés, dès le début de leur incarcération, à recevoir des visites dans un environnement raisonnablement ouvert (c'est-à-dire autour d'une table, sans séparation physique) pendant au moins une heure par semaine. Les visites dans un environnement fermé (c'est-à-dire dans un parloir avec une vitre de séparation) devraient être une exception fondée sur une évaluation individuelle du risque » [2]. De plus, le CPT recommande aux autorités d'organiser des visites également le week-end : « pour de nombreuses familles, il s'agit du seul moment où elles peuvent se rendre à la prison » [3]. À l'occasion de sa visite en France en 2010, le CPT a pu au contraire formuler une appréciation positive en relevant qu'au centre pénitentiaire du Havre, les prévenus (adultes et mineurs) avaient droit à trois visites d'une durée de 45 minutes par semaine et les condamnés à deux visites de 45 minutes par semaine. De plus, la direction de l'établissement faisait preuve de flexibilité lorsque les visiteurs résidaient en un lieu éloigné (la durée des visites pouvait alors être de 90 minutes) et les visites étaient autorisées cinq jours par semaine (du mardi au samedi) [4]. Enfin, le CPT a encouragé les autorités françaises dans leur démarche tendant à multiplier des unités de vie familiale. Selon lui, « les visites de longue durée dans les UVF permettent non seulement de resserrer les liens conjugaux et familiaux, mais également de favoriser la réinsertion des détenus » [5].

Au-delà de ces normes générales relatives au maintien des contacts avec le monde extérieur, la lecture des rapports du CPT révèle que celui-ci adapte ses exigences à la condition précise dans laquelle est

1. CPT/Inf (2012) 28, § 47.
2. *Ibid.*
3. *Ibid.*
4. CPT/Inf (2012) 13, § 114.
5. *Ibid.*, § 116.

placée la personne détenue. Il se livre dès lors de manière sous-jacente à une protection catégorielle du droit d'être visité.

II. Une protection catégorielle du droit d'être visité en prison

En fonction de la catégorie à laquelle appartient la personne détenue, soit le CPT encourage le renforcement des contacts (A) soit, a minima, exige leur maintien (B).

A. Un renforcement souhaitable des liens avec le monde extérieur

Les détenus purgeant une longue peine ainsi que les mineurs enfermés constituent en effet deux catégories de la population carcérale dont l'exigence de resocialisation justifie, non pas simplement un maintien, mais un renforcement de leurs contacts avec le monde extérieur. De manière générale, le CPT a constaté que la situation des détenus purgeant de longues peines « laissait beaucoup à désirer au niveau des conditions matérielles, des programmes d'activités et des possibilités de contacts humains » [1]. En outre, il constata que certains de ces détenus étaient soumis à des restrictions spéciales, notamment « des droits de visite limités » [2], constat qui fut réitéré récemment dans son vingt-cinquième rapport général [3], publié en 2016. Or, de manière générale, le CPT « n'entrevoit aucune justification pour une application de restrictions indifféremment à tous les détenus soumis à un type donné de peines, sans que l'on tienne dûment compte des risques qu'ils peuvent (ou ne peuvent pas) présenter à titre individuel » [4]. Bien au contraire, les régimes proposés aux détenus purgeant de longues peines devraient « compenser ces effets de manière positive et pro-active » [5]. Le CPT a d'ailleurs eu l'occasion de relever, à l'égard des détenus condamnés à la réclusion à perpétuité, que c'est surtout pendant les premières années

1. Onzième rapport général [CPT/Inf (2001) 16], publié en 2001, § 33.

2. *Ibid.*

3. Vingt-cinquième rapport général, [CPT/Inf (2016) 10], publié en 2016, § 71.

4. Onzième rapport général [CPT/Inf (2001) 16], publié en 2001, § 33 ; dans le même sens et plus précisément s'agissant des contacts du détenu avec sa famille ou ses proches, voy. le Vingt-cinquième rapport général, [CPT/Inf (2016) 10], publié en 2016, § 78.

5. Onzième rapport général [CPT/Inf (2001) 16], publié en 2001, § 33.

d'emprisonnement que des restrictions concernant leurs contacts risquent d'altérer les relations avec leur famille ou avec leurs proches, voire de les détruire [1]. Dans cette perspective, ces détenus « seront mieux préparés à leur libération, s'ils ont effectivement la possibilité de rester en contact avec le monde extérieur » [2]. Il importe ainsi « que les condamnés à perpétuité puissent, d'une manière aussi régulière et effective que possible, recevoir des visites, pouvoir passer ou recevoir des appels téléphoniques, écrire ou recevoir du courrier, lire des journaux, écouter la radio et regarder la télévision (...) » [3]. Cette exigence ainsi posée s'inscrit plus globalement dans la volonté du CPT d'encourager, s'agissant spécifiquement de cette catégorie de détenus, une individualisation de la planification de l'exécution des peines, fondée sur le comportement du détenu [4]. En ce sens, « la mise en place de programmes de traitement individualisés et un soutien psychosocial approprié sont importants pour aider ces condamnés à affronter leur incarcération et, le temps venu, à se préparer à leur libération » [5]. Eu égard à la longueur de la peine et aux conséquences naturelles en termes de désocialisation, les détenus purgeant de longues peines doivent par conséquent bénéficier d'une attention spécifique de la part des autorités, nécessairement individualisée, dans le but de maintenir mais surtout d'encourager leurs contacts avec le monde extérieur.

La surveillance des conditions de détention des mineurs fait également l'objet d'une attention particulière de la part du CPT. En témoigne la conférence organisée par le CPT à Strasbourg le 2 mars 2015 à l'occasion de ses 25 ans d'action, au cours de laquelle la problématique de la détention des mineurs faisait partie des cinq thèmes principaux sur lesquels le CPT souhaitait faire le bilan « pour mieux avancer » [6]. Dans son vingt-quatrième rapport général, le CPT précise en effet que « la promotion active de bons contacts avec le monde extérieur peut être particulièrement bénéfique pour les mineurs

1. Vingt-cinquième rapport général [CPT/Inf (2016) 10], publié en 2016, § 78.

2. Onzième rapport général [CPT/Inf (2001) 16], publié en 2001, § 33.

3. Vingt-cinquième rapport général [CPT/Inf (2016) 10], publié en 2016, § 78.

4. *Ibid.*, § 76.

5. Onzième rapport général [CPT/Inf (2001) 16], publié en 2001, § 33.

6. Sur cette conférence, voy. E. Senna, « 25 ans du Comité européen pour la prévention de la torture et des peines ou traitements inhumains ou dégradants. Bilan d'activité et perspectives », *Gazette du Palais*, mai 2015, n°141.

privés de liberté, dont beaucoup risquent de présenter des troubles du comportement liés à une carence affective ou à une incapacité à vivre en société. Tous les efforts devraient être faits pour veiller à ce que tous les détenus mineurs aient la possibilité d'avoir des contacts avec leur famille et d'autres personnes dès le moment où ils sont admis en centre de détention » [1]. Conformément à la jurisprudence européenne en la matière [2], le CPT estime que « la notion de famille devrait être interprétée au sens large pour inclure les contacts avec les personnes avec lesquelles le jeune a développé une relation comparable à des liens familiaux, même si la relation n'a pas été officialisée » [3]. En pratique, « les mineurs devraient bénéficier du droit de recevoir des visites de plus d'une heure par semaine ; ils devraient aussi pouvoir recevoir des visites pendant le week-end. Les visites de courte durée devraient généralement être autorisées en parloir ouvert » [4]. À cet égard, le CPT a constaté que dans certains pays « les mineurs sont autorisés à bénéficier de visites de longue durée non surveillées. À l'exception des cas où cela n'est pas dans l'intérêt supérieur des mineurs, une telle approche est tout à fait bienvenue afin d'encourager la vie familiale du mineur et de sa famille et de favoriser sa réintégration dans la société » [5]. Le CPT prend soin néanmoins de souligner que si dans certains des établissements visités, les mineurs étaient autorisés à communiquer avec des membres de leur famille de manière régulière en utilisant un logiciel gratuit de Voice over Internet Protocol, « cette pratique est à saluer, mais elle ne saurait se substituer à des visites » [6]. En outre, « les contacts d'un mineur avec le monde extérieur ne devraient jamais être interdits à titre de sanction disciplinaire, ni être limités, à moins que l'infraction disciplinaire commise ait trait à ces contacts » [7]. Le CPT ajoute dans cette perspective que lorsqu'un mineur est isolé, au titre d'une mesure disciplinaire, il doit « bénéficier d'un soutien socio-éducatif et de contacts humains appropriés. Un membre du personnel soignant

1. Vingt-quatrième rapport général [CPT/Inf (2015) 1], publié en 2015, § 122.

2. La Cour EDH a élargi le champ d'application de la « vie familiale » en reconnaissant une vie familiale en dehors de tout lien de parenté, fondée sur des relations *de facto* (Cour EDH, 22 avril 1997, *X, Y et Z c. Royaume-Uni, D.*, 1997, 582, note S. Grataloup).

3. Vingt-quatrième rapport général [CPT/Inf (2015) 1], publié en 2015, § 122.

4. *Ibid.*, § 123.

5. *Ibid.*, § 123.

6. *Ibid.*, § 124.

7. *Ibid.*, § 127.

devrait rendre visite au mineur aussitôt après son placement et par la suite, régulièrement, au moins une fois par jour et lui fournir sans délai une assistance et des soins médicaux »[1]. Dans le même sens, s'agissant du placement à l'isolement à des fins de protection ou de prévention, « les mineurs concernés devraient toujours bénéficier de contacts humains appropriés et de visites quotidiennes d'un membre du personnel soignant »[2]. Un régime destiné à maintenir les visites, dans le cas particulier d'un isolement, mais surtout, de manière générale, à renforcer ces visites, est donc posé en principe par le CPT s'agissant des mineurs détenus. Les autorités doivent, en ce sens, adopter les mesures destinées à encourager les visites, en prévoyant notamment des fréquences et des durées plus favorables qu'à l'accoutumée. Il existe d'autres hypothèses, en revanche, où le CPT se contentera d'exiger des autorités qu'elles maintiennent les liens entre le détenu et le monde extérieur.

B. Le maintien exigé des liens avec le monde extérieur

Au cours de l'exécution de la peine privative de liberté, les détenus isolés temporairement de la collectivité carcérale ou soumis à un régime de haute sécurité ne doivent pas être en effet automatiquement exclus de tout contact avec l'extérieur. La problématique de l'isolement, à l'instar de celle relative à la détention des mineurs, avait également été sélectionnée à l'occasion de la conférence du 2 mars 2015 organisée par le CPT. Dans son vingt et unième rapport général, le CPT avait déjà pu constater que « l'isolement limite davantage les droits déjà fortement restreints des personnes privées de liberté. Ces restrictions supplémentaires ne sont pas inhérentes à l'emprisonnement lui-même et doivent donc être justifiées de manière distincte »[3]. À cet égard, le CPT se réfère aux critères traditionnels développés par la jurisprudence de la Cour EDH et estime ainsi que toute action doit, pour être acceptable, être : proportionnée, légale, justifiable, nécessaire et non-discriminatoire. Concernant plus précisément l'exigence de nécessité, le CPT estime que « seules sont permises les restrictions nécessaires à un confinement sûr et

1. *Ibid.*, § 128.
2. *Ibid.*, § 129.
3. Vingt et unième rapport général [CPT/Inf (2011) 28], publié en 2011, § 55.

correctement mis en œuvre et répondant aux exigences de la justice ». En conséquence, « lors d'un placement à l'isolement, il ne devrait, par exemple, y avoir aucune suppression automatique des droits de visite, d'accès au téléphone et à la correspondance, ou d'accès à des loisirs généralement à la disposition des détenus (tels que la lecture). De la même manière, le régime doit être suffisamment flexible pour permettre la levée de toute restriction qui n'est pas nécessaire dans un cas individuel » [1]. Concrètement, le CPT, d'une part, contrôle la durée de l'isolement afin que cette exclusion de la collectivité carcérale, précisément par sa longueur, ne soit pas préjudiciable à l'exigence de réhabilitation de l'individu et, d'autre part, veille au maintien des contacts familiaux. En ce sens, lors de sa visite en 2015 au Luxembourg, constatant une discordance entre le droit et la pratique, le CPT avait émis un avis favorable sur la pratique tendant à ne prononcer des isolements disciplinaires que pour une durée maximale de 14 jours et de permettre les visites (en parloir individuel avec séparation vitrée) ainsi que la correspondance. Rappelant les effets potentiellement néfastes de l'isolement, le CPT estimait en effet de manière générale que « la mise à l'isolement ne devrait jamais être imposée à titre de sanction pour une période supérieure à 14 jours pour une infraction donnée et devrait de préférence être plus courte. Toute restriction des contacts avec la famille en tant que forme de sanction ne devrait être utilisée que lorsque l'infraction a un lien avec ces contacts » [2].

S'agissant enfin des détenus placés en régime de haute sécurité ou de « sécurité renforcée », lors de sa visite en Suisse en 2011, le CPT a rappelé qu'il avait déjà recommandé à plusieurs reprises aux autorités de leur offrir un programme d'activités variées et motivantes et un niveau satisfaisant de contacts humains [3]. Dans leur réponse au rapport relatif à la visite de 2007, les autorités suisses avaient affirmé que, pour des raisons liées à la sécurité, les détenus soumis à ces régimes ne pouvaient pas être autorisés à avoir des contacts avec d'autres détenus au sein de leur secteur de détention ; pour les mêmes raisons, il était exclu également d'accroître les contacts avec le personnel de surveillance. Or, le CPT estime que « les mesures de

---

1. *Ibid.*, § 55, d). Dans le même sens, CPT/Inf (2016) 18, § 73 (Rapport de visite effectuée en Suisse en 2015).

2. CPT/Inf (2015) 30, § 59. Dans le même sens, CPT/Inf (2016) 18, § 73.

3. CPT/Inf (2012) 26, § 50.

sécurité – telles que l'interdiction totale de contacts avec les autres détenus ou la restriction des contacts humains à l'aide de dispositifs de séparation – ne devraient jamais être systématiques, mais elles devraient reposer sur une évaluation individuelle des risques »[1]. Le CPT rappelle de plus que l'isolement pour de longues périodes, voire des années, dans de telles conditions, sans la moindre perspective de changer de régime, comporte un risque élevé de traitement inhumain et dégradant. L'objectif qui s'impose au contraire est « de persuader le détenu de réintégrer le régime ordinaire de détention »[2]. Les détenus devraient ainsi bénéficier d'un programme individualisé. Selon le CPT, le programme devrait chercher au contraire à encourager les contacts avec autrui – le personnel en un premier temps puis d'autres détenus appropriés – et proposer un éventail d'activités le plus vaste possible pour occuper les journées. Les contacts avec le monde extérieur doivent en outre être facilités. « L'interdiction totale de contacts familiaux, comme c'est le cas au cours des premières semaines dans l'unité de haute sécurité de Bostadel et l'imposition de visites avec dispositif de séparation, sont contre-productives » [3]. Dans le même ordre d'idée, lors de sa visite en Italie en 2004, le CPT relevait que tous les détenus soumis au régime spécial de l'article 41 bis de la Loi pénitentiaire semblaient très affectés par les obstacles juridiques et pratiques entourant les visites. La plupart des détenus n'avaient droit qu'à une heure de visite par mois de leurs proches, en parloir fermé et il était impossible de cumuler les heures de visite non utilisées. En conséquence, les détenus « 41 bis » ne recevaient que très rarement des visites (dans la plupart des cas, pas plus de deux fois par an), les membres de leur famille vivant généralement très loin du lieu de détention. Le CPT ne voyait « aucune justification au fait de refuser systématiquement aux détenus « 41 bis » des visites en parloir libre pendant des périodes prolongées, encore moins lorsqu'ils sont déjà en train de purger de (longues) peines. Des mesures de sécurité adéquates peuvent et doivent être trouvées afin de surveiller de manière efficace les visites en parloir libre, sans pour autant mettre en danger les intérêts légitimes de la justice » [4]. Pour le CPT, doit donc être bannie toute limitation systématique des contacts fondée sur

1. *Ibid.*
2. *Ibid.*
3. *Ibid.*
4. CPT/Inf (2006) 16, § 85.

l'appartenance d'un individu à une catégorie spécifique. C'est au contraire vers la recherche d'un juste équilibre entre la protection de la liberté individuelle et la sauvegarde de l'intérêt général que les autorités doivent s'orienter.

Le regard du Contrôleur général des lieux de privation de liberté sur les visites des proches au parloir

Par Isabelle Fouchard

Institué par la loi du loi du 30 octobre 2007 [1], le Contrôleur général des lieux de privation de liberté (CGLPL) est une autorité administrative indépendante qui assume une mission de prévention par des visites dans divers lieux où des personnes sont privées de liberté sur décision judiciaire ou administrative : établissements pénitentiaires, centre de rétention administrative pour étrangers, centres éducatifs fermés, locaux de garde à vue, ou encore hôpitaux psychiatriques accueillant des patients en soins sans consentement. Il a pour mission de veiller au respect des droits fondamentaux et de la dignité de ces personnes. Il peut ainsi dénoncer des situations qui, bien que respectueuses des dispositions légales, portent atteinte à la dignité des personnes. Dépourvu de pouvoir d'injonction, il dispose néanmoins de deux leviers essentiels. D'abord, les contrôleurs se voient reconnaître des droits très larges d'accéder, lors des visites d'établissement, à tous les documents nécessaires à l'accomplissement de leur mandat et de s'entretenir confidentiellement avec toutes les personnes concernées. Ensuite, les rapports de visite des établissements sont publiés en intégralité sur le site Internet du CGLPL avec, le cas échéant, les réponses des ministres concernés. C'est ainsi une véritable doctrine que le CGLPL a progressivement développée depuis sa création, sur la base des constats opérés au cœur des établissements, eux-mêmes fondés sur une méthodologie

---

1. Loi n° 2007-1545 du 30 octobre 2007 instituant un Contrôleur général des lieux de privation de liberté. Cette loi a été adoptée suite à la ratification par la France du Protocole facultatif à la *Convention des Nations unies contre la torture et autres peines et traitements inhumains et dégradants* du 18 décembre 2002.

éprouvée [1]. Cette doctrine s'étend à l'ensemble des droits fondamentaux internationalement reconnus aux personnes privées de liberté mais c'est ici sous l'angle du droit au respect de la vie privée et familiale [2] qu'elle sera illustrée, consacrée par l'article 35 de la loi pénitentiaire de 2009 comme le « droit des personnes détenues au maintien des relations avec les membres de leur famille » [3].

Le premier motif de saisine du CGLPL par les personnes détenues et leurs familles découle d'affectations problématiques : le CGLPL constatait ainsi en 2010 que « les liens familiaux demeurent un enjeu primordial dans le cadre de la vie en détention » [4] alors même « concrètement, que l'exercice de ces droits au maintien des liens familiaux est soumis à des conditions pouvant en limiter souvent l'effectivité » [5]. Ce constat est toujours d'actualité et les obstacles prennent de multiples formes, plus ou moins directes, plus ou moins visibles, aux différentes étapes des visites des proches. Il s'agit d'un sujet qui retient toute l'attention des contrôleurs du CGLPL d'autant que les situations sont très diverses selon les types d'établissements. On sait que les visites sont plus nombreuses dans les maisons d'arrêt pour hommes, en particulier dans les premiers temps de l'incarcération ; que les établissements pour femmes étant peu nombreux et inégalement répartis sur le territoire, les femmes détenues, souvent éloignées de leur domicile, reçoivent moins de visites [6] ; on sait aussi qu'il existe des inégalités entre les personnes prévenues, majoritairement incarcérées dans leur département d'origine et les personnes condamnées, en particulier à de longues peines et affectées dans des établissements éloignés. Par ailleurs, dès lors qu'une personne détenue est transférée, pour raisons de santé,

---

1. Cette doctrine émane non seulement des rapports de visite mais également des rapports annuels et thématiques ainsi que des divers avis, tous publiés sur son site.

2. Art. 8 CESDH ; V. également la jurisprudence de la Cour EDH selon laquelle il est « essentiel au respect de la vie familiale que l'administration pénitentiaire aide le détenu à maintenir un contact avec sa famille proche », V. Cour EDH, *Messina c. Italie*, n°2, n°25498/94, 28 sept. 2000, § 61 ; V. également Cour EDH, *Ouinas c. France*, requête n°13756/88, déc. de la Commission du 12 mars 1990, Décisions et rapports (DR) 65, p. 265.

3. Art. 35 de la loi pénitentiaire n° 2009-1436 du 24 novembre 2009 et art. D. 402 du code de procédure pénale.

4. Rapport annuel 2010, p. 163.

5. *Ibid.*, p. 164.

6. V. CGLPL, « Avis relatif à la situation des femmes privées de liberté, » 25 janvier 2016.

chambre sécurisée au sein de l'hôpital de rattachement, en unité hospitalière sécurisée interrégionale (UHSI) ou encore en unité hospitalière spécialement aménagée (UHSA), le droit de recevoir la visite de ses proches s'en trouve nécessairement remis en cause [1]. Enfin, les unités de vie familiale (UVF) [2] et les parloirs familiaux [3] sont encore trop peu nombreux [4] et ne concernent aucune maison d'arrêt. Le CGLPL regrette que les établissements pour peine ne soient toujours pas systématiquement dotés d'UVF et que, lorsqu'elles existent, ces dernières soient parfois peu utilisées en raison de lourdeurs procédurales ou du manque de personnel. Ainsi, depuis 2010, le CGLPL a réitéré à maintes reprises qu'il souhaiterait voir construire et généraliser les unités de vie familiale et les parloirs familiaux [5], il a également recommandé d'en élargir les possibilités d'accès en termes de fréquence et de durée [6], d'y garantir un libre accès à des préservatifs [7], d'en donner l'accès aux couples détenus [8] en favorisant une affectation commune ou, lorsque des motifs liés à la sécurité des établissements ou des personnes s'y opposent, permettre à l'un des conjoints de bénéficier d'une extraction en vue d'une UVF [9].

Dans le format requis ici, on se limitera à la question des visites au parloir à l'exclusion des visites des proches en UVF ou en salons familiaux, en mettant l'accent sur les proches visiteurs plutôt que sur les personnes détenues visitées, alors même que l'organisation des visites « côté détenu » ont également un impact fondamental sur le déroulement des parloirs et le maintien des liens familiaux : pour seul exemple, l'impact des fouilles des personnes détenues à l'issue du

---

1. V. CGLPL, « Avis relatif à la prise en charge des personnes détenues au sein des établissements de santé », 16 juillet 2015.

2. Il s'agit d'appartements (de 2 à 3 pièces) où des personnes détenues (prévenues comme condamnées) peuvent recevoir leur famille pour une durée allant jusqu'à 72 heures.

3. Il s'agit de petits salons préservant la confidentialité et l'intimité, d'une superficie variant de 12 à 15 m^2. Les personnes détenues (prévenues comme condamnées) peuvent y recevoir leurs proches pour une durée maximum de 6 heures.

4. Selon les chiffres du ministère de la Justice au 1er janvier 2017, sur les 88 établissements pour peine (centres pénitentiaires, centres de détention et maisons centrales) seuls 37 établissements étaient dotés d'unités de vie familiale (120 UVF en tout) et seuls 21 établissements étaient dotés de parloirs familiaux (71 en tout).

5. V. les rapports annuels du CGLPL 2010, 2012, 2013 et 2014.

6. Rapport annuel 2013, p. 118.

7. Rapport annuel 2014, p. 101.

8. Rapport annuel 2010, p. 197.

9. *Ibid.*, p. 199.

parloir, selon la manière dont elles sont décidées et pratiquées, sur le souhait même des personnes détenues et de leurs proches de continuer à se rencontrer.

Le thème du regard du CGLPL sur les visites des proches au parloir invite non seulement à exposer la manière dont le CGLPL porte son regard sur le déroulement des visites familiales d'un point de vue méthodologique – *comment* le CGLPL regarde – mais également les constats qu'il en tire à travers les recommandations formulées dans ses rapports de visite – *ce qu'il voit* et ce qu'il en dit. Autrement dit, il s'agira d'explorer à travers les divers points de contrôle sur lesquels se fondent les contrôleurs du CGLPL dans les missions en établissement pénitentiaire de faire état des difficultés constatées en termes d'organisation des visites, de nature à nuire à l'effectivité du maintien des liens familiaux ; à cet égard, le respect de la dignité des personnes privées de liberté est indissociablement lié au respect de la dignité de leurs proches à l'occasion des visites, pour lesquels le parloir reste toujours une épreuve.

Nous invitons ainsi le lecteur à se projeter, à travers le regard des contrôleurs du CGLPL, dans chaque étape de la visite au parloir pour les proches des personnes détenues, des formalités préalables à la visite (I), au temps de rencontre avec leur proche détenu (III) en passant par leur accueil au sein de l'établissement (II).

I. Les conditions préalables aux visites au parloir

En amont du parloir, les proches, bouleversés par l'incarcération de l'être cher, doivent découvrir un univers souvent méconnu et des procédures parfois longues et complexes. La première étape que le CGLPL va considérer est celle de l'avant-parloir, qu'il s'agisse des modalités d'établissement du permis de visite, de prise de rendez-vous au parloir ou encore de l'accessibilité de l'établissement.

1. L'obtention du permis de visite

Les contrôleurs vont d'abord s'attacher à déterminer les conditions d'attribution des permis de visite à travers divers points comme, notamment, le délai moyen d'obtention d'un titre de visite ; les démarches entreprises par la famille puis par la direction de l'établissement, en particulier le recours à une enquête préfectorale préalable ; les motifs des refus, ou des éventuelles suspensions ou annulations, etc. Ces éléments impliquent la rencontre avec les agents en charge des permis de visite, la consultation de documents mis à disposition par la direction de l'établissement et les échanges directs avec les personnes détenues et leurs proches.

Les permis de visite sont censés être accordés « dans un délai maximal de dix jours, sous réserve des contraintes non imputables à l'administration pénitentiaire, telle que notamment la durée de réalisation des enquêtes de police » [1]. Pour les personnes prévenues, pour lesquelles c'est le magistrat en charge de l'affaire qui délivre ou non les permis de visite, les délais se révèlent parfois très longs, de l'ordre de plusieurs semaines à plusieurs mois selon les ressorts. Pour les personnes condamnées, les permis de visite relèvent de la compétence du chef d'établissement et les délais vont varier selon l'organisation du service, le taux de surpopulation de l'établissement mais aussi selon la nature du lien entre la personne détenue et celle qui souhaite lui rendre visite.

Il est fait une distinction entre les membres de la famille – conjoints (mariés, pacsés ou concubins), descendants et ascendants [2] – – et les autres « proches » à savoir « les personnes appartenant au cercle amical ». Si la procédure peut être assez rapide pour les membres de la famille proche, parfois de l'ordre de quelques jours pour les personnes condamnées, elle peut prendre plusieurs semaines, parfois plusieurs mois pour les amis pour lesquels, trop souvent, est systématiquement demandée par le chef d'établissement une enquête préfectorale dite « de moralité » [3]. L'objectif en est d'apprécier si l'entrée d'une personne dans l'établissement serait susceptible de nuire au maintien de la sécurité ou au bon ordre de l'établissement, ou de nuire à la réinsertion de la personne visitée. Mais, en réalité, les éléments communiqués par les préfectures sont trop succincts pour

1. Circulaire du 20 février 2012 relative au maintien des liens extérieurs des personnes détenues par les visites et l'envoi ou la réception d'objets, NOR : JUSK1140029C

2. V. notamment la note du 4 décembre 2014 relative aux modalités d'accès et de fonctionnement des unités de vie familiale et des parloirs familiaux.

3. CD Lannemezan, MA Strasbourg.

s'en faire une réelle idée, le résultat se bornant à un avis favorable ou défavorable, le plus souvent suivi par la direction de l'établissement. Selon les préfectures, le délai de réponse peut aller de plusieurs semaines à plusieurs mois [1] ce qui retarde d'autant la délivrance du permis de visite ou son refus. De tels délais nuisent nécessairement au maintien des liens avec les proches alors que l'enquête n'est nullement obligatoire [2] et devrait rester exceptionnelle [3] selon les recommandations du CGLPL.

D'autres établissements ne sollicitent pas d'office une enquête préfectorale pour les demandeurs hors famille proche, mais vérifient systématiquement l'existence d'antécédents judiciaires pour les personnes considérées, à travers le bulletin n° 3 du casier judiciaire. Cette pratique peut être positive en ce qu'elle permet d'éviter les délais de l'enquête préfectorale mais à la condition que l'existence d'une condamnation pénale antérieure ne soit pas considérée, à elle seule, comme une cause rédhibitoire pour l'octroi d'un permis de visite. Le CGLPL rappelle les termes mêmes de la direction de l'administration pénitentiaire : « ce n'est que dans le cas où le chef d'établissement a de réelles craintes, qu'elles soient étayées par des informations recueillies auprès de ses personnels ou de partenaires institutionnels, ou qu'elles soient liées à la personnalité du détenu qui doit être visité, qu'il pourra solliciter le déclenchement d'une enquête administrative » [4].

Le rôle de prévention du CGLPL implique qu'il ne se limite pas à constater les dysfonctionnements, mais s'attache aussi à relever les bonnes pratiques à diffuser, comme la délivrance d'un permis de visite exceptionnel, un mois après le début de l'enquête de moralité dans l'attente de l'obtention d'un permis de visite [5].

---

1. V. par ex. le rapport de visite de la maison d'arrêt de Limoges, déc. 2011, reco. n°9.

2. Note de l'Administration pénitentiaire du 4 décembre 1998 relative aux enquêtes administratives effectuées par les services de police à la demande de l'autorité préfectorale, selon laquelle « l'exigence systématique d'une enquête administrative n'est pas justifiée ».

3. V. par ex. les rapports de visite du centre pénitentiaire de Baie-Mahault, nov. 2010, reco. n°18 ; et de la maison d'arrêt de Limoges, déc. 2008, reco. n° 19.

4. Note préc. du 4 décembre 1998.

5. V. le rapport de visite du centre de détention de Toul, avril 2011, Bonne pratique n° 13.

2. La prise de rendez-vous

La manière dont peuvent être pris les rendez-vous au parloir constitue également un point de contrôle du CGLPL en ce sens qu'elle conditionne évidemment elle aussi l'accès aux visites. Les deux voies traditionnelles soulèvent chacune des difficultés dans de nombreux établissements. La prise de rendez-vous par téléphone est souvent limitée par des créneaux horaires trop restreints ou inadaptés aux horaires de travail [1] impliquant des lignes surchargées qui entraînent des délais d'attente très longs, alors même qu'elles sont souvent payantes [2]. Par ailleurs, dans un nombre croissant d'établissements sont mises en place des bornes électroniques de prise de rendez-vous. Le plus souvent installées dans le local d'accueil des familles ou dans la zone des parloirs, elles ne sont donc accessibles qu'aux jours et horaires des parloirs. Par ailleurs, elles se révèlent d'une utilisation parfois difficile pour certains visiteurs, notamment les plus âgés ou les non-francophones, sont fréquemment hors d'usage faute d'une maintenance régulière et trop souvent en nombre insuffisant. Enfin, un autre inconvénient de ces bornes est qu'elles ne permettent souvent pas de prendre un rendez-vous à plus de quinze jours, au mieux un mois. Autrement dit, pour les familles habitant loin de l'établissement et ne pouvant s'y rendre fréquemment, ces bornes ne peuvent suffire à elles seules, sauf à contraindre ces familles à faire un aller-retour pour prendre un rendez-vous.

C'est la raison pour laquelle le CGLPL recommande que les deux modalités de prise de rendez-vous au parloir demeurent complémentaires et que les bornes électroniques ne se substituent pas aux rendez-vous pris par téléphone. Au-delà, le CGLPL a encouragé au titre des bonnes pratiques le fait de « généraliser des sites internet mentionnant les horaires des parloirs voire permettant la prise de rendez-vous en ligne comme c'est déjà le cas pour certains établissements » [3].

---

1. V. par ex. le rapport de visite du centre pénitentiaire de Moulins-Yzeure, mai-juin 2012, reco. n°27.

2. V. par ex. le rapport de visite du centre de détention de Mauzac, août 2010, reco. n°6.

3. V. les rapports annuels 2010 et 2013, p. 177 et p. 119. Selon le ministère de la Justice, les sites Internet des maisons d'arrêt de Nancy, d'Evreux et de Béthune proposent la réservation en ligne des parloirs.

Un autre point important pour le CGLPL est que les services en charge des prises de rendez-vous disposent des coordonnées des visiteurs pour que l'établissement soit en mesure de prévenir une famille lorsqu'un parloir est annulé [1] ; trop souvent les familles n'apprennent qu'à leur arrivée à l'établissement l'annulation du parloir, par exemple en cas d'hospitalisation ou de transfert de leur proche [2], alors qu'elles se déplacent parfois de loin dans des conditions d'accès difficiles.

3. L'accessibilité des établissements

La question de l'accessibilité des établissements pour les familles – composées souvent de mères avec de jeunes enfants voire de bébés, parfois de personnes âgées ou à mobilité réduite – conduit les contrôleurs à s'intéresser notamment à l'existence de transports en commun, leur localisation, leur fréquence les jours de parloirs, y compris les week-ends et jours fériés, la mise à disposition d'un parking suffisant, autant de points de contrôle révélateurs d'obstacles très concrets aux visites. En effet, une visite au parloir engendre un coût important pour les proches des personnes détenues qui n'en ont pas toujours les moyens – la précarité constituant bien sûr en tant que telle un frein majeur à l'exercice des visites. Il s'agit tout à la fois d'un coût en temps, la visite obligeant parfois à prendre un jour de congés notamment en maison d'arrêt où les parloirs ont lieu les jours de semaine et d'un coût financier évident, liés aux frais de transports, de restauration, voire d'hébergement pour les familles venant de loin.

Il va de soi que des établissements construits loin des centres urbains et des réseaux de transport aggravent encore les choses au point que certains proches se voient obligés de renoncer à visiter leur proche incarcéré. On constate en effet, dans nombre d'établissements, l'absence de transports en commun depuis la gare la plus proche, d'ailleurs parfois elle-même lointaine de l'établissement. Lorsque des transports en commun ont été mis en place et que l'arrêt de bus est à une distance raisonnable à pied, fréquemment, les horaires ou les jours

1. V. par ex. le rapport de visite du centre de détention de Saint-Mihiel, oct. 2010, reco. n°11.

2. V. par ex. le rapport de visite du centre pénitentiaire de Rennes-Vezin, déc. 2010, reco. n°17.

de circulation ne correspondent pas aux jours et heures des parloirs. C'est le cas notamment les week-ends, jours de parloirs dans les établissements pour peine : par exemple, lorsque les familles, contraintes de prendre l'unique bus du matin, arrivent à 9h30 pour un parloir à 13h00, puis attendent le premier bus retour vers 17h30, autrement dit consacrent une journée complète pour un parloir de 45 minutes avec leur proche. Le rapport de visite du centre de détention de Villenauxe-la-Grande illustre très bien ces enjeux :

> « *Si l'on considère la situation géographique du centre de détention et l'absence de moyen de transport en commun, les visites nécessitent une disponibilité et un investissement financier important. Le coût d'un taxi aller/retour entre la gare SNCF et le centre de détention est de l'ordre de 60 euros* » [1].

Autrement dit, mieux vaut se rendre au parloir par ses propres moyens, ce qui implique non seulement d'être titulaire du permis de conduire mais également de posséder un véhicule personnel. On voit d'ailleurs de plus en plus fréquemment dans les maisons d'accueil des familles des petites annonces sollicitant des co-voiturages pour se rendre au parloir. Mais, à supposer même que les visiteurs soient véhiculés, on constate fréquemment l'absence de signalisation de l'établissement – parfois les collectivités locales ne souhaitant pas cette « publicité » – compliquant l'accès aux établissements, ou encore le nombre insuffisant de places de stationnement à proximité de l'établissement pour se garer [2].

Les recommandations principales du CGLPL, à cet égard, sont un renforcement des dessertes des transports publics selon des horaires adaptés aux jours et heures des parloirs et la prise en compte de ces difficultés dans les projets de construction de nouveaux établissements par une localisation dans une zone urbaine desservie par les transports en commun ainsi qu'une aire de stationnement adaptée à la taille de l'établissement [3].

---

1. Rapport de visite du centre de détention de Villenauxe-la Grande, janvier 2014, p. 77.
2. V. par ex. le rapport de visite du quartier maison d'arrêt du centre pénitentiaire de Nantes, mars 2015, p. 77.
3. Rapport annuel 2013, p. 168.

II. L'accueil des familles à leur arrivée à l'établissement

Le contrôle opéré par le CGLPL porte sur l'ensemble des conditions d'accueil des visiteurs se rendant à l'établissement et en apprécie la qualité en termes de conditions matérielles et d'organisation. Les contrôleurs passent du temps dans le local d'accueil des familles à s'entretenir avec elles ainsi qu'avec les bénévoles et, le cas échéant, les employés du prestataire privé et suivent leur parcours dans plusieurs tours de parloirs.

1. Le local d'accueil des familles

On constate une grande diversité des situations [1] : certains établissements ne disposent pas de local d'accueil des familles ; d'autres mettent à disposition un local sans équipements ni association présente pour assurer l'accueil des familles ; d'autres disposent d'un local d'accueil des familles propre, confortable et convivial dont l'animation est assurée par des équipes de bénévoles engagés qui informent les « nouveaux visiteurs » des règles du parloir et connaissent bien les familles qui viennent régulièrement ; dans d'autres, l'accueil des familles est partagé entre le prestataire privé et une association, dans un climat qui peut être parfois assez tendu, faute d'une délimitation claire des rôles de chacun ; enfin, certains offrent des possibilités de garde d'enfants le temps du parloir, soit par un bénévole, soit par une puéricultrice engagée par le prestataire privé[2], ou encore proposent d'accompagner les enfants au parloir.

La recommandation principale du CGLPL sur la question de l'accueil des familles est de « créer des maisons d'accueil au sein de chaque établissement pénitentiaire, animées par le secteur associatif,

---

1. Selon les derniers chiffres disponibles du ministère de la Justice, datant de 2015, sur les 187 établissements pénitentiaires, on compte 162 structures d'accueil des familles en attente de parloir, animées par 159 associations ; 22 structures d'hébergement de nuit pour les familles venant de loin ; 73 structures assurent la garde des enfants ; 22 accompagnent les enfants aux parloirs.

2. V. par ex. le rapport de visite de la maison d'arrêt de Lyon-Corbas, oct. 2009, Bonne pratique n°17 : « La possibilité offerte aux familles de laisser un enfant de moins de trois ans sous la responsabilité d'une puéricultrice, conformément au cahier des charges qui lie GPA à la maison d'arrêt, devrait être généralisée à tous les établissements pénitentiaires à gestion mixte ».

en collaboration avec l'administration ou le prestataire privé »[1]. Il préconise également une harmonisation des services proposés aux familles quels que soient les établissements d'affectation, notamment en termes de garde d'enfants pendant la visite au parloir et de solution d'hébergement aux familles visitant leurs proches plusieurs jours successifs dans chaque établissement pour peines[2].

Les conditions dans lesquelles les familles attendent devant la porte de l'établissement juste avant le parloir constituent également un point de contrôle auquel les contrôleurs attachent de l'importance : ainsi sont dénoncées comme indignes les conditions d'attente des familles lorsque celles-ci doivent attendre sur le trottoir dans la rue[3], plutôt que dans la cour d'entrée de l'établissement[4] ou encore lorsque les familles, jeunes enfants compris, doivent attendre devant la porte de l'établissement sous les intempéries. Le CGLPL recommande à cet égard que, dans tous les cas, un auvent soit aménagé au-dessus des entrées des établissements pour protéger les familles des intempéries. Ceci d'autant plus que les familles, dès l'approche de l'heure du parloir, se pressent devant l'établissement pour ne pas être en retard.

De bonnes pratiques en la matière ont été soulignées, comme celle consistant à mettre en place « une liaison entre la maison d'accueil des familles et le surveillant de la porte d'entrée, qui permet d'informer les visiteurs peu avant l'heure de début des parloirs et de leur éviter d'attendre dans le froid »[5] ; une permanence une fois par semaine au sein même de la maison d'accueil des familles de l'agent chargé des permis de visite pour répondre aux questions et résoudre les difficultés, ou encore un surveillant qui vient faire l'appel et contrôler les papiers d'identité à l'intérieur même de la maison d'accueil de telle sorte que personne ne patiente devant l'établissement[6].

---

1. Rapport annuel 2010, p. 171.
2. *Ibid.*, p. 172.
3. V. par ex. le rapport de visite de la maison d'arrêt de Tours, fév. 2009, reco. n°13.
4. V. par ex. le rapport de visite de la maison d'arrêt de Saint-Malo, fév. 2013, p. 34.
5. Rapport de visite de la maison d'arrêt de Mende, sept. 2010, reco. n° 10.
6. V. par ex. le rapport de visite de la maison d'arrêt de Villefranche-sur-Saône, nov. 2012, p. 25.

2. La gestion des retards

La question des retards des familles doit être envisagée dans le contexte rappelé d'accessibilité souvent difficile à l'établissement, pour des visiteurs venant parfois de très loin, exposés aux aléas de la circulation routière ou des transports publics. Elle doit l'être également sous l'angle de la bonne organisation des parloirs au bénéfice de l'ensemble des familles.

Des visites du CGLPL, il ressort que la gestion des retards des familles varie sensiblement d'un établissement à l'autre et parfois au sein d'un même établissement selon l'équipe de service, ce qui peut susciter un sentiment d'arbitraire chez les personnes détenues et leurs familles et occasionner des incidents dont la conséquence peut être la suspension du permis du visite. Dans certains établissements, il a été noté qu'« en cas de retard, même faible, des familles au parloir, elles perdent le bénéfice de la visite » alors même qu'« aucune procédure formalisée n'est en place pour prévenir la personne détenue de la raison qui a amené sa famille à ne pas être présente » [1]. A l'inverse, des bonnes pratiques ont pu être soulignées comme celle « de certains surveillants qui, en cas de retard justifié des familles, reportent les visites sur les créneaux horaires suivants » [2] ou encore une tolérance lorsque le retard est de moins de dix minutes et ponctuel, un registre tenu par le gradé des parloirs permettant d'évaluer si les retards de la famille sont réguliers ou non [3].

La souplesse dans la gestion des retards dépend bien entendu de l'organisation des tours de parloirs et de la configuration de l'établissement mais le CGLPL recommande notamment, à cet égard, de généraliser le report des visites sur les créneaux suivants en cas de retard justifié des familles [4] et de réserver la décision de supprimer un parloir à un personnel de direction ou un officier [5].

---

1. Rapport de visite de la maison d'arrêt de Rouen, sept. 2008, p. 23.

2. V. par ex. le rapport de visite de la maison d'arrêt d'Angers, oct. 2008, p. 14.

3. Rapport de visite du quartier maison d'arrêt du centre pénitentiaire de Nantes, mars 2015, p. 81.

4. Rapport annuel 2010, p. 179.

5. *Ibid.*

3. L'accès dans l'établissement

L'entrée dans l'établissement constitue un moment clé, source d'une grande appréhension pour les familles car s'y joue leur accès au parloir et donc leur rencontre avec leur proche. Le premier contact est le moment où les familles déposent leur pièce d'identité au poste de garde à l'entrée de l'établissement, peu accueillant car le plus souvent doté de vitres sans tain : les visiteurs ne voient pas à qui ils s'adressent, ni qui leur parle, ce qui peut être à tout le moins troublant, voire intimidant [1]. Les visiteurs sont ensuite nommément appelés et doivent non seulement être présents à la porte, s'être débarrassés dans les casiers de consignes du local d'accueil des familles de tout objet interdit – clés de voiture, pièces de monnaie, cigarettes, briquets etc. – mais aussi passer le portique de détection métallique sans qu'il ne sonne, car dans la majorité des établissements, au bout de la 3e sonnerie, l'accès est d'office refusé, souvent sans qu'il ne soit fait usage du détecteur manuel de métaux [2]. Les armatures métalliques de soutien gorges conduisent certaines femmes à ôter le leur pour ne pas déclencher de sonnerie, ce qui peut provoquer des incidents car un déshabillage à proximité du portique peut également entraîner un refus d'entrer et donc une annulation de parloir mais aussi et surtout une suspension du permis lui-même [3]. Ainsi, certaines femmes ont confié aux contrôleurs préférer renoncer à porter un soutien-gorge ou des bijoux de crainte de faire sonner le portique, alors même qu'elles disaient souffrir de ne pouvoir être à leur avantage pour voir leur proche. Certaines chaussures incluant des éléments métalliques non visibles sonnent également ; en général les visiteurs préfèrent passer sous le portique en chaussettes ou pieds nus – rares sont les établissements à mettre à disposition des visiteurs des protections en papier – plutôt que de prendre le risque de faire sonner le portique.

Le CGLPL va s'intéresser à de nombreux points comme l'existence d'une équipe dédiée au contrôle des familles ; la manière dont les

---

1. Il s'agit d'une recommandation répétée du CGLPL de remplacer les vitres sans tain dans les postes chargés de l'accueil du public, V. Rapport annuel 2010, p. 182.

2. Alors que ce procédé devrait être la règle selon la note du directeur de l'administration pénitentiaire, DAP-EMS n° 206 du 31 mai 2006 relative au contrôle des personnes accédant à un établissement pénitentiaire.

3. Une suspension de deux mois de permis de visite dans l'ex. de la maison d'arrêt de Villefranche-sur-Saône, V. rapport préc., nov. 2012, p. 26.

visiteurs sont appelés par leur simple nom de famille ou non ; la politique locale si le portique de détection retentit ; la mise à disposition de chaussons en papiers, voire de chaussures en plastique [1] ; la manière dont les personnes en fauteuil roulant ou porteuses de broches ou pacemakers sont contrôlées ; la mise en place d'enquêtes de satisfaction réalisées auprès des familles.

Comme pour la gestion des retards, les pratiques sont variables selon les établissements et selon les équipes en service, ce qui a conduit le CGLPL à recommander notamment que, dans la mesure du possible, soit créée une équipe de surveillants spécialement chargée du contrôle des accès et une autre pour la surveillance des parloirs et que ces équipes reçoivent une formation à l'accueil du public [2].

III. Le moment de partage avec le proche visité

Sur cette étape, les contrôleurs s'entretiennent confidentiellement avec les personnes détenues, les visiteurs eux-mêmes et les agents en charge des parloirs et suivent également plusieurs tours de parloirs en alternant le circuit famille – de l'accueil des familles au parloir en passant par les mesures de contrôle – et le circuit des personnes détenues – de l'appel aux mesures de contrôle à l'entrée et à la sortie du parloir – et, selon les cas, restent un moment, le plus discrètement possible, dans le local des parloirs.

1. Lieu, durée et fréquence des visites au parloir

Parmi les points de contrôles des locaux de visite, les contrôleurs s'intéressent notamment à la localisation et l'accessibilité des parloirs pour les personnes à mobilité réduite ; la configuration des lieux, la propreté et l'équipement de la zone des parloirs en termes de chaises, d'espaces réservés aux enfants, de distributeur de boissons ou de friandises ; ou encore la configuration et l'état des locaux d'attente et de fouilles pour les personnes détenues.

---

1. *Ibid.*, p. 25.
2. Rapport annuel 2010, p. 182.

La configuration des locaux de parloirs varie largement d'un établissement à l'autre : cabines avec ou sans tablettes de séparation [1], box fermés avec une vitre intégrée à la porte, salle commune (de taille plus ou moins réduite) sans aucune séparation entre les tables… le degré d'intimité des échanges entre les personnes détenues et leurs visiteurs est très inégal. Dans une maison d'arrêt récemment visitée, « les parloirs se déroulent dans une pièce de 22 m^2 alors qu'à pleine capacité (ce qui généralement est le cas) elle peut contenir vingt-deux personnes en comptant le surveillant présent. Le plafond d'une hauteur de 2,50 m participe à un niveau sonore très important pendant les parloirs et l'absence de séparation entre les tables n'assure aucune intimité » [2]. Le CGLPL recommande que la conception des parloirs garantisse une confidentialité suffisante et l'intimité des personnes, notamment par la mise en place d'un dispositif de séparation et d'isolation phonique entre les boxes [3].

Au-delà de la configuration des lieux, le CGLPL attache beaucoup d'attention à leur propreté et notamment celle des toilettes réservées aux familles ou des espaces des enfants lorsqu'il y en a, ce qui paraît indispensable à des visites dignes. A cet égard, le CGLPL recommande d'« aménager des espaces dédiés aux enfants au sein des parloirs afin de permettre à ces derniers de voir leurs parents dans les conditions les plus agréables possibles » [4], ainsi que de permettre aux jeunes enfants d'entrer au parloir avec un biberon et un doudou.

La fréquence des parloirs est fixée par le règlement intérieur avec des variations selon les établissements mais le minimum légal est de trois fois par semaine pour les prévenus (généralement les jours de semaine dans les maisons d'arrêt) et d'une fois par semaine pour les condamnés (en principe les week end dans les établissements pour peine). Certains établissements prévoient pour les personnes

---

1. Par exemple, dans les box des parloirs de la maison d'arrêt de Bois d'Arcy, une table en béton sépare les personnes détenues des visiteurs, V. le rapport de visite de la maison d'arrêt de Bois d'Arcy, juin 2015, p. 52.

2. V. également les rapports de visite de la maison d'arrêt de Mende, sept. 2010, p. 31 et de la maison d'arrêt de Saint-Malo, fév. 2013, p. 32.

3. Rapport annuel 2013, p. 169.

4. *Ibid.*. Selon les derniers chiffres disponibles du ministère de la Justice, en 2015, sur les 187 établissements pénitentiaires seuls 65 proposent des espaces aménagés pour les enfants dans les parloirs.

condamnées comme prévenues trois parloirs par semaine, pratique encouragée par le CGLPL.

Quant à la durée des parloirs, on constate également des variations : les établissements pour peine accordent généralement des visites d'au moins une heure mais, face à l'afflux des demandes en maison d'arrêt, les parloirs y sont souvent limités à trente minutes [1], au mieux quarante-cinq minutes, ce qui peut sembler court au regard des temps cumulés d'attentes à l'entrée et à la sortie (environ 1h30 sur place, sans compter les temps de transports vers et depuis l'établissement) [2].

Peuvent également être accordés des parloirs prolongés mais dont les conditions d'octroi ne sont ni claires, ni uniformes et peuvent être sources de tension. A titre d'exemple, l'extrait du règlement intérieur : « Un parloir prolongé peut être accordé par le chef d'établissement lorsque le visiteur a un trajet d'au moins 500 km aller-retour et que la personne visitée fait preuve d'un bon comportement en détention, à condition que des places soient disponibles et dans la limite d'un parloir prolongé par mois » [3]. Il s'agit de conditions particulièrement restrictives, là où d'autres établissements se contentent de la domiciliation hors département des visiteurs, d'où l'importance de vérifier également le nombre de parloirs de ce type accordés : la réponse de la direction dans cet exemple indiquait que seuls trois parloirs prolongés avaient été accordés sur les deux dernières années. Dans certains établissements, les conditions d'octroi d'un parloir prolongé peuvent également varier selon le bâtiment de détention dans lequel est affectée la personne détenue, le comportement en détention étant selon les cas pris en compte par le chef de bâtiment, compétent pour l'octroi des parloirs prolongés [4]. Dès lors, le CGLPL recommande l'édiction de règles précises au niveau national afin de garantir le droit d'accès aux parloirs prolongés pour les familles éloignées de l'établissement pénitentiaire où est incarcéré leur proche [5].

---

1. V. par ex. le rapport de visite de la Maison d'arrêt de Bois d'Arcy, 2015, p. 49.
2. V. par ex. le rapport de visite de la maison d'arrêt de Pau, mars 2012, reco n°8.
3. V. par ex. le rapport de visite de la maison d'arrêt de Coutances, mai 2011, p. 32.
4. Rapport de visite du centre de détention de Villenauxe-la Grande, jan. 2014, p. 78.
5. Rapport annuel 2010, p. 185.

Une autre hypothèse est celle du parloir interne parfois difficilement mis en place alors que les personnes détenues ne doivent pas être privées de voir leurs proches parce qu'ils seraient eux-mêmes détenus. Le CGLPL recommande de permettre aux couples incarcérés ou aux membres d'une même famille de pouvoir solliciter des parloirs internes, dans les conditions de l'article 35 de la loi pénitentiaire [1].

2. La rencontre : échanges autorisés, échanges proscrits

Sur ce point les contrôleurs s'attachent à vérifier le nombre de visiteurs, de détenus visités, de parloirs prolongés ou encore de parloirs « fantômes » qui donnent une première idée de la réalité des visites dans un établissement. Ils vont également s'intéresser aux modalités d'information des familles et des personnes détenues en cas d'absence au parloir qui peut être génératrice d'une grande angoisse si les raisons n'en sont pas connues. De même seront abordées les modalités de dépôt et de récupération du linge amené par la famille, les objets autorisés lors de la visite côté détenu et côté famille ou encore les modalités de retour en détention notamment sous l'angle des fouilles.

Le nombre de personnes autorisées lors d'une même visite varie selon la configuration des lieux et le nombre de parloirs organisés : le plus souvent sont admis jusqu'à 3 visiteurs, avec des tolérances pour ajouter un enfant en bas âge. Les établissements font à cet égard preuve d'une souplesse plus ou moins grande, comme en témoigne l'exemple d'une mère isolée, résidant à plus de 300 km de l'établissement où était incarcéré son mari, qui n'était pas autorisée à venir avec ses trois enfants âgés de 5 à 10 ans en même temps et qui se retrouvait à devoir alterner chaque semaine les deux enfants qui venaient et celui qu'elle ne savait pas comment faire garder.

Pour prévenir tout incident au parloir, il est capital que les proches soient convenablement informés des règles relatives au déroulement des parloirs, que ce soit au sujet du dépôt de linge et des vêtements interdits, ou de la liste des objets non autorisés durant le parloir. Cette

---

1. Rapport annuel 2010, p. 187 ; Rapport de visite du centre pénitentiaire de Baie-Mahault, nov. 2010, reco. n°17.

information se fait à la fois au travers des lettres octroyant les permis de visites, un affichage dans le local d'accueil des familles et dans la salle même des parloirs [1], comme c'est le cas dans de nombreux établissements. En cas d'infraction au règlement, le permis de visite peut être suspendu ou retiré au terme d'une procédure contradictoire. A titre d'exemple, lors d'une visite récente, a été évoqué le cas d'un père qui avait transmis lors du parloir trois cigarettes à son fils prévenu, ce qui avait donné lieu à un signalement au Procureur avec une proposition de 1 à 3 mois de suspension par le directeur d'établissement. Dans cet exemple, les autres personnes titulaires d'un permis de visite n'avaient pas été concernées mais, dans d'autres cas, c'est l'ensemble des titulaires de permis de visite qui perdent la possibilité de voir leur proche, ce qui a conduit le CGLPL à recommander de proscrire toute sanction des titulaires d'un permis de visite consistant en une restriction de leur droit de visite lorsqu'ils n'ont eux-mêmes commis aucune faute [2].

Une autre recommandation qui a pu être formulée est celle consistant à autoriser effectivement la remise directe de certains objets « favorisant la parentalité » [3] sous le contrôle du personnel pénitentiaire [4], comme la remise des dessins d'enfants à leur parent détenu lors du parloir, ce qui, malgré la Circulaire de 2008 relative aux mesures destinées à améliorer la gestion des détentions [5], reste encore souvent interdit.

En ce qui concerne les contacts physiques au cours du parloir, en principe les étreintes sont autorisées mais là encore on constate des variations importantes selon les établissements dans la tolérance par rapport aux comportements admis ou non. Il est parfois très frustrant pour les familles de ne pouvoir embrasser ou toucher leurs proches comme elles le souhaiteraient. A titre d'exemple, la saisine du CGLPL

---

1. V. par ex. le rapport de visite de la maison d'arrêt de Caen, déc. 2008, reco. n°19.

2. Rapport annuel 2010, p. 177.

3. Selon les termes de la note du directeur de l'administration pénitentiaire en date du 15 septembre 2009 autorisant outre la remise de linge et de livres non brochés déjà admis, celle de biens culturels, d'apprentissage et de formation, de petits appareillages médicaux d'usage courant ainsi que des documents et objets favorisant la parentalité.

4. Rapport annuel 2010, p. 180.

5. Circulaire du 5 juin 2008 relative aux mesures destinées à améliorer la gestion des détentions.

par la mère d'une jeune fille de 16 ans qui s'était vu suspendre son permis de visite pour s'être assise sur les genoux de son père au motif d'un « comportement choquant ». Se pose ainsi la question de savoir jusqu'où les contacts physiques peuvent aller. Les relations sexuelles proprement dites, en principe interdites, font l'objet dans certains établissements, en particulier dans les établissements pour peine dépourvus de salons familiaux ou d'unités de vie familiale, d'une certaine tolérance de la part de la direction malgré la gêne exprimée par le personnel de surveillance [1]. Evidemment, la sexualité, comme la tendresse, est l'un des éléments importants d'une relation de couple que la détention met cruellement à mal. Mais les relations sexuelles au parloir, furtives, plus ou moins dissimulées, dans la crainte d'être surpris et donc sanctionné n'ont pas lieu dans des conditions dignes pour ceux qui ont ces relations sexuelles et sont attentatoires à la dignité des autres familles présentes et des personnels eux-mêmes qui auraient reçu la consigne de « fermer les yeux ». Elles ont en effet des conséquences importantes sur les autres visiteurs, notamment lorsqu'il y a des enfants, de nature même à faire renoncer les personnes détenues aux visites de leur famille. A titre d'exemple, le témoignage d'un jeune détenu de 23 ans qui rapportait aux contrôleurs qu'il ne voulait plus recevoir de visite, suite à ce qu'il avait vécu comme une épreuve et une honte de rencontrer ses parents au parloir alors que dans le box mitoyen un couple avait des rapports sexuels peu discrets sans que les surveillants n'interviennent. Sur ce sujet délicat, la position du CGLPL est claire : il recommande de ne plus tolérer les relations sexuelles en dehors des parloirs familiaux et des unités de vie familiale [2] et de généraliser ces locaux dans tous les établissements [3].

Le tableau, brossé ici à grands traits, passe sous silence ou ne fait qu'effleurer certains aspects, tant il y aurait à dire et à faire pour renforcer l'effectivité du maintien des liens familiaux par les visites des proches. Réserver le prononcé de peines privatives de liberté aux infractions les plus graves semble le moyen le plus efficace de maintenir les liens familiaux pour le plus grand nombre. A défaut, un octroi plus large de permissions de sortir pour raisons familiales, prévues par l'article 35 de la loi pénitentiaire mais encore trop limitées

---

1. V. par ex. le rapport de visite du centre de détention d'Eysses, juillet 2009, reco. n°8.
2. Rapport annuel 2010, p. 181.
3. Rapport annuel 2016, p. 213.

en pratique, pourrait permettre que la rencontre ait lieu hors les murs de la prison. En attendant, l'accès élargi aux salons familiaux et aux UVF est sans aucun doute une des pistes les plus à mêmes d'offrir un espace d'intimité, intimité complètement absente de la vie en détention et indispensable au maintien des liens familiaux et à la perspective d'un retour à une vie privée et familiale la plus apaisée possible.

Troisième partie

Aspects de droit comparé

Le maintien des liens familiaux : l'exemple du droit belge

Par Marie-Aude Beernaert

En Belgique, comme ailleurs, l'incarcération met les relations familiales à rude épreuve. De par la séparation physique qu'elle induit et les multiples contraintes qui l'accompagnent, la prison bouscule et abîme bien souvent les liens avec les parents, la fratrie, le conjoint et les enfants. Avant d'aborder la manière dont le droit belge tente de sauvegarder les liens familiaux ainsi mis à mal par la détention, il nous paraît nécessaire de situer rapidement le cadre général de l'incarcération en Belgique (I). Nous évoquerons ensuite trois questions spécifiques, touchant respectivement aux visites familiales (II), aux permissions de sortie pour motifs familiaux (III) et à la maternité en prison (IV).

I. Les personnes incarcérées en Belgique : données chiffrées et contexte juridique

Le dernier rapport annuel de la direction générale des établissements pénitentiaires fait état, pour l'année 2016, d'une population détenue moyenne de 10.619 personnes, pour une capacité moyenne de 9.687 places, réparties sur 35 établissements. La population détenue est très majoritairement composée d'hommes (10.134 pour 485 femmes). Elle continue d'être composée pour un tiers (3.553 personnes en moyenne) d'inculpés, placés en détention préventive et non encore définitivement condamnés.

En ce qui concerne le contexte juridique, deux textes de loi principaux encadrent la détention : la loi « de principes concernant l'administration pénitentiaire ainsi que le statut juridique des détenus » du 12 janvier 2005 (ci-après « loi de principes ») et la loi du 17 mai 2006 « relative au statut juridique externe des personnes condamnées à une peine privative de liberté et aux droits reconnus à la victime dans le cadre des modalités d'exécution de la peine » (ci-après « loi relative au statut juridique externe »). La première régit le statut juridique interne des détenus, c'est-à-dire leurs droits et obligations en tant que « résidents » d'un établissement pénitentiaire, leur vie *intra muros*, tandis que la seconde concerne le statut juridique externe, soit les aspects *extra muros* de la détention, en particulier toutes les modalités relatives à l'interruption de la peine ou aux libérations anticipées.

II. Les visites familiales : du droit à la pratique

Les visites sont le principal vecteur de maintien des liens familiaux durant la détention. Elles sont réglementées en détails dans la loi de principes, qui détermine les personnes autorisées à rendre visite aux détenus (1), le nombre et les modalités de visite (2) et les cas dans lesquels un détenu peut être privé de visites (3). Une attention spécifique est également portée aux visites des enfants mineurs (4) et aux visites dans l'intimité (5). Cette réglementation, assez protectrice en théorie, se trouve toutefois mise à mal en pratique par un certain nombre de facteurs, que nous évoquerons rapidement (6).

1. Les personnes autorisées à rendre visite aux détenus

L'article 59 de la loi de principes établit une distinction entre deux catégories de visiteurs. Dans la première catégorie, visée au § 1er, on retrouve les personnes qui n'ont pas besoin d'autorisation préalable du directeur pour rendre visite à un détenu, mais doivent simplement justifier à cet effet de leur identité. Il s'agit des parents et alliés en ligne directe, tuteurs, conjoints, co-habitants légaux ou de fait, frères, sœurs, oncles et tantes des détenus. Le directeur peut toutefois leur interdire provisoirement la visite, lorsqu'il existe « des indices personnalisés » que celle-ci pourrait présenter « un grave danger pour le maintien de l'ordre ou de la sécurité » et pour autant que le fait d'organiser la visite derrière une vitre de séparation ne suffise pas à écarter ce danger.

La seconde catégorie, résiduaire, comprend quant à elle toutes les autres personnes (amis, partenaire non cohabitant, enfants du partenaire…) qui ne seront admises à la visite que moyennant l'autorisation du directeur. Celle-ci ne peut toutefois être refusée « que si la personne concernée ne peut justifier d'aucun intérêt légitime ou s'il existe des indices personnalisés que la visite peut présenter un danger pour le maintien de l'ordre ou de la sécurité » (art. 59, § 2). L'autorisation de visite donnée par une direction est valable dans toutes les prisons où le détenu séjournera au cours d'une même détention, sauf si la direction de la nouvelle prison dispose d'indices personnalisés dont il ressort que la visite peut compromettre le maintien de l'ordre ou de la sécurité. L'interdiction provisoire (pour les visiteurs de la première catégorie) comme le refus de visite (pour ceux de la catégorie résiduaire) doivent être motivés et portés par écrit à la connaissance du détenu (art. 59, § 3).

2. Le nombre et les modalités des visites

En ce qui concerne le nombre des visites, l'article 58 de la loi de principes distingue selon que le détenu est inculpé ou condamné. Les inculpés ont droit à des visites quotidiennes (§ 1er), tandis que pour les condamnés, les visites sont au nombre de « trois par semaine au minimum, réparties sur trois jours, dont au moins un jour du week-end et le mercredi après-midi » (§ 2). Dans l'un et l'autre cas, la durée minimale d'une visite est d'une heure (§ 3).

La visite en parloir commun [1] doit être la règle, le parloir cellulaire (où les détenus sont séparés des visiteurs par une paroi transparente [2]) ne pouvant être imposé que dans trois cas précis :

a) au titre de mesure d'ordre, conformément à l'article 60, § 3 de la loi de principes, qui permet au directeur d'y recourir, 1°) lorsqu'il existe

---

1. En parloir commun, visiteurs et détenus prennent place de part et d'autre de tables, disposées dans une salle collective (raison pour laquelle on parle parfois de « visites à table »).

2. Raison pour laquelle on parle parfois de « visites au carreau ».

des raisons sérieuses de craindre qu'aient lieu pendant la visite des incidents qui pourraient mettre en danger l'ordre ou la sécurité ; 2°) à la demande du visiteur ; 3°) à la demande du détenu ou 4°) si le visiteur ou le détenu a enfreint antérieurement le règlement des visites et qu'il y a des raisons de supposer que cette infraction au règlement des visites est susceptible de se reproduire ;

b) au titre de sanction disciplinaire sur la base de l'article 133, 3° de la loi de principes ;

c) comme modalité d'un régime de sécurité particulier individuel sur la base de l'article 117, 3° de la loi de principes [1].

3. La privation de visites

Un détenu peut se voir privé de visites dans deux hypothèses distinctes : sur décision du juge d'instruction ou au titre de sanction disciplinaire. S'il fait l'objet d'une ordonnance de « mise au secret », l'inculpé détenu ne pourra en effet pas recevoir de visites – autres que celles de son avocat – durant les trois premiers jours de son incarcération (art. 20, § 2 de la loi du 20 juillet 1990 relative à la détention préventive). S'il y a de sérieuses raisons de craindre qu'il puisse tenter de faire disparaître des preuves ou d'entrer en collusion avec des tiers, le juge d'instruction pourrait aussi lui interdire de recevoir la visite de personnes extérieures à la prison individuellement citées dans l'ordonnance et ce, pour la durée estimée strictement nécessaire (ce qui pourrait, le cas échéant, couvrir toute la période de l'instruction ; art. 20, §§ 3 à 6 de la loi du 20 juillet 1990 relative à la détention préventive).

Par ailleurs, la privation de visites est aussi une des sanctions disciplinaires prévues par l'article 133 de la loi de principes, qui précise que la privation ou la restriction des contacts avec des visiteurs extérieurs à la prison (pour une durée maximale de 30 ou 15 jours, selon qu'il s'agit d'une infraction de première ou seconde catégorie) ne

---

1. Le placement sous régime de sécurité particulier individuel peut être décidé lorsqu'un détenu pose un problème de sécurité persistant et qu'il apparaît nécessaire de le mettre à l'écart de la communauté pénitentiaire pour une période prolongée en le plaçant en régime cellulaire strict. Pour exceptionnelles qu'elles devraient être, de telles décisions ne sont pas rares en pratique, spécialement lorsque sont en cause des détenus étiquetés « terroristes ».

peut être infligée au titre de sanction disciplinaire que s'il existe « un lien avec la nature ou les circonstances de l'infraction disciplinaire ». Et elle ajoute que, pour la catégorie des visiteurs privilégiés qui n'ont pas besoin d'autorisation préalable du visiteur (parents et alliés en ligne directe, conjoint, frères et sœurs…), la sanction ne peut consister qu'à organiser la visite derrière une vitre de séparation.

4. Les visites des enfants mineurs

La relation de l'enfant mineur avec un proche incarcéré fait l'objet d'une attention particulière en vue de réduire les dommages pouvant résulter de l'incarcération [1]. La loi de principes évoque ainsi les visites d'enfants mineurs, en son article 60, § 2, aux termes duquel « le chef d'établissement veille à ce que la visite puisse se dérouler dans des conditions qui préservent ou renforcent les liens avec le milieu affectif, en particulier lorsqu'il s'agit d'une visite de mineurs à leurs parents ».

A cette fin, une lettre collective n° 107 du 16 juin 2011 prévoit (p. 14) que chaque établissement organisera une fois par mois au minimum une action qui aura spécifiquement pour objet la préservation de la relation parent-enfant. Tous les détenus sont appelés à en bénéficier, dès le début de leur incarcération et pour tout enfant mineur.

Le refus d'autoriser un détenu à participer à ces activités ne peut être basé que sur un des motifs suivants : la déchéance des droits parentaux, une décision du tribunal de la jeunesse relative aux contacts entre l'enfant et ses parents, le refus d'une personne ou institution qui a la garde ou la tutelle de l'enfant, la condamnation ou la nature des faits commis, la personnalité du détenu si celle-ci constitue une contre-indication à la participation à ces activités, l'existence d'indices personnalisés que la visite pourrait présenter un danger pour le maintien de l'ordre ou de la sécurité, ou encore le fait

---

1. Sur cette question, voy. aussi G. Weissberger et I. Ravier (sous la dir. de), « Les enfants de parents détenus », in *Les politiques sociales*, 2006, n° 3-4, pp. 6-116, ainsi que Th. Moreau, « Les relations entre un parent détenu et son enfant mineur au regard de la jurisprudence de la Cour européenne des droits de l'homme », *Journ. dr. jeunes*, 2006, n° 259, pp. 28-36.

que le visiteur a commis une infraction au règlement des visites et qu'il existe des raisons de croire que cette infraction puisse se répéter. Les décisions de refus devront être motivées et portées à la connaissance du détenu par écrit ; elles pourront faire l'objet d'un nouvel examen après trois mois au maximum.

5. Les visites dans l'intimité

Conformément à l'article 58, § 4, de la loi de principes, chaque détenu (qu'il soit inculpé ou condamné) a le droit de recevoir une visite dans l'intimité d'une durée minimale de deux heures, au moins une fois par mois [1].

Ces visites doivent permettre aux détenus de conserver des liens d'intimité affective et sexuelle avec leur compagne (ou compagnon) ou simplement aux membres d'une famille de se retrouver en tête-à-tête. Elles ont lieu dans un local expressément affecté à cet usage et spécialement aménagé.

D'après l'arrêté royal du 8 avril 2011 qui détermine les conditions et modalités auxquelles sont subordonnées les visites dans l'intimité, celles-ci peuvent être demandées pour deux catégories de visiteurs : les personnes visées à l'article 59, § 1er, de la loi de principes (à savoir les parents et alliés en ligne directe, le tuteur, le conjoint, le cohabitant légal ou de fait, les frères et sœurs et les oncles et tantes du détenu) et toute autre personne dès lors qu'elle a, pendant six mois au moins, manifesté un intérêt permettant de croire au caractère sérieux de sa relation avec le détenu.

La demande de visite dans l'intimité peut être introduite au plus tôt après un mois de détention. Elle est adressée au directeur par le détenu et les visiteurs qui souhaitent une telle visite. La demande est portée à la connaissance du service psychosocial de la prison qui communique au directeur les éléments pertinents dont il a connaissance. Le directeur prend sa décision dans le mois de la demande. En cas de refus, une nouvelle demande peut être introduire après trois mois, ou

1. Sur cette question, v. aussi C. Coumanne, « Les visites dans l'intimité en Belgique : application et enjeux », *Rev. dr. pén. crim.*, 2001, pp. 171-191.

plus tôt si le directeur marque son accord sur ce point (art. 16 à 18 de l'arrêté royal du 8 avril 2011, précité).

Outre les motifs d'interdiction provisoire ou de refus applicables aux visites en général, une visite dans l'intimité peut aussi être provisoirement refusée pour des motifs spécifiques (communs aux deux catégories de visiteurs potentiels), à savoir : 1°) lorsque le visiteur ou le détenu a enfreint antérieurement le règlement des visites et qu'il y a des raisons de supposer que cette infraction au règlement des visites est susceptible de se reproduire ; 2°) lorsque le détenu ou le visiteur a introduit des objets non autorisés dans la prison et 3°) lorsque la personnalité du détenu constitue une contre-indication à l'octroi de la visite dans l'intimité (art. 59, § 1er, al. 3 et § 2, al. 3, de la loi de principes).

6. Les visites en pratique : de nombreuses contraintes pour les familles

Une première difficulté pratique à laquelle se heurtent les familles des détenus concerne l'accès aux établissements pénitentiaires. Si les prisons construites au XIXe siècle se situent en général dans les centres urbains et sont donc relativement faciles d'accès (c'est le cas, par exemple, des prisons bruxelloises), les nouveaux établissements sont par contre souvent construits en périphérie et mal desservis par les transports en commun. Cette situation a pour conséquence de pénaliser les familles et les détenus quant aux visites.

La surpopulation et l'infrastructure déficiente d'un certain nombre d'établissements pénitentiaires créent une autre contrainte : elles sont parfois telles que le régime légal ne peut être respecté. Dans son rapport annuel 2012, la direction générale des établissements pénitentiaires n'hésitait par exemple pas à écrire qu'il n'était pas possible d'octroyer des visites à table dès le premier jour de détention à la prison bruxelloise de Forest : la salle de visite à table ne contenant que 12 tables pour une population de plus de 650 détenus, le délai était de 6 semaines pour pouvoir bénéficier de ce droit de base…

Mais ce sont surtout les grèves des agents pénitentiaires, couplées à l'absence de tout service minimum garanti, qui ont les conséquences les plus lourdes pour les détenus et leurs familles. Ces grèves entraînent en effet une quasi-rupture avec le monde extérieur. Plus aucune visite n'est alors organisée, parfois durant plusieurs semaines [1]. Cette situation a d'ailleurs récemment valu à la Belgique de faire l'objet d'une déclaration publique de la part du CPT [2]. Le Comité européen pour la prévention de la torture y dénonce le fait qu'au cours « de ses multiples visites dans les 47 Etats membres du Conseil de l'Europe ces 27 dernières années », il n'a « jamais observé de phénomène analogue, tant au niveau de la portée du phénomène en question que des risques encourus ». Il appelle les autorités belges et l'ensemble des parties prenantes « à trouver rapidement une solution appropriée afin de résoudre un problème d'une gravité exceptionnelle qui n'a pas lieu d'être dans un Etat membre du Conseil de l'Europe ». L'Etat belge est notamment sommé de veiller à ce que soit garantie à l'avenir, en toute circonstance, « la continuité des contacts des personnes détenues avec le monde extérieur par voie téléphonique et postale, ainsi qu'à travers l'organisation de visites hebdomadaires ».

III. L'octroi de permissions de sortie temporaire pour motifs familiaux

D'après l'article 4 de la loi relative au statut juridique externe, la permission de sortie est une autorisation de quitter la prison pour une durée déterminée qui ne peut excéder seize heures (§ 1er), durant lesquelles l'exécution de la peine privative de liberté est considérée comme continuant à courir (§ 4).

Il existe deux types de permissions de sortie : celles, visées au § 3 de l'article 4 de la loi relative au statut juridique externe, qui sont destinées à préparer la réinsertion du condamné et peuvent être accordées dans les deux années précédant la date d'admissibilité à la libération conditionnelle ; et celles, prévues par le § 2 de l'article 4, qui visent à répondre à des situations ou impératifs, d'ordre familial notamment, requérant la présence ponctuelle du condamné à

---

1. Au printemps 2016, certains établissements ont ainsi connu plus de cinquante jours d'arrêt de travail consécutifs.

2. Déclaration publique relative à la Belgique du 13 juillet 2017 (CPT/Inf, 2017, 18).

l'extérieur de la prison et qui peuvent, quant à elles, être octroyées à tout moment de la détention.

On peut citer à titre d'exemples de situations pouvant donner lieu à l'octroi de permissions de sortie de la seconde catégorie : l'enterrement d'un proche, la comparution dans le cadre d'une procédure de divorce ou d'une procédure de garde d'enfants, le mariage ou la naissance d'un enfant, la visite à un parent mourant...

IV. La maternité incarcérée

En droit belge, les enfants nés de mères incarcérées sont autorisés à séjourner en prison avec celles-ci jusqu'à ce qu'ils atteignent l'âge de trois ans (art. 15, § 2, 3° de la loi de principes). A ce jour, il n'existe pourtant pas encore d'unités de vie mère-enfant dans les établissements pénitentiaires belges. Tout au plus, les mères incarcérées avec de jeunes enfants disposent-elles de cellules et régimes aménagés. Le plus souvent, un accord est conclu avec une crèche extérieure à l'établissement, pour que l'enfant puisse aussi être socialisé en dehors de la structure carcérale.

Pour conclure

Les contraintes inhérentes à l'incarcération n'impactent pas que les seuls détenus, mais également leurs parents, compagnes, frères et sœurs, enfants... A l'épreuve de la prison et du temps carcéral, les liens familiaux se modifient toujours, se distendent parfois. C'est principalement par le canal des visites que les liens familiaux peuvent être maintenus, malgré l'incarcération, raison pour laquelle nous y avons consacré l'essentiel des développements de la présente contribution.

Venir visiter une personne incarcérée relève à bien des égards du parcours d'obstacles : trajets longs et coûteux, parloirs aux horaires stricts, climat carcéral oppressant... Quotidiennement pourtant, des familles affrontent ces difficultés pour soutenir leur proche. Elles assument, ce faisant, une fonction essentielle, que la prison elle-même peine à remplir : préparer la réinsertion des détenus, qui sera largement tributaire de la qualité des relations familiales qu'ils auront pu maintenir.

Tout devrait dès lors être mis en œuvre pour favoriser les visites familiales et le maintien des liens qu'elles permettent. En droit belge, cela passe notamment par l'instauration, d'urgence, d'un service minimum garantissant, à tout le moins, des visites hebdomadaires lors des grèves des agents pénitentiaires.

Le maintien des liens familiaux : l'exemple du droit allemand

Par Alix Giraud

En 2012, le nombre de mineurs impactés par l'incarcération d'un parent était estimé à cent mille en Allemagne [1]. Ces chiffres ont apporté une base factuelle illustrant la nécessité de faire évoluer la situation s'agissant du maintien des liens entre le parent incarcéré et son enfant. Dans cet objectif, le groupe de travail fédéral d'aide aux délinquants (*Bundesarbeitsgemeinschaft für Straffälligenhilfe*) publiait le 27 février 2012 des recommandations [2] prenant appui, d'une part, sur l'article 6 alinéa 1er de la Loi fondamentale (*Grundgesetz*, ci-après « GG ») garantissant la protection particulière du mariage et de la famille, d'autre part sur la Convention internationale des droits de l'enfant [3]. Certaines recommandations visant l'amélioration des horaires de visite ou encore l'aménagement de salles adaptées à l'accueil des enfants contribueraient à rendre le droit aux visites plus effectif. Il s'agit par ailleurs de former le personnel, d'offrir un accompagnement du parent incarcéré dans ses relations familiales (notamment par l'intermédiaire de petits groupes) ou de créer des sorties spéciales lors d'événements particuliers dans la vie de l'enfant (baptême, entrée en école primaire etc…). L'utilisation d'outils technologiques pourraient enfin contribuer d'une autre manière au maintien de contacts familiaux entre les visites. Dresser un bilan sur la question du maintien des liens familiaux en détention en droit allemand n'est pas aisé. En effet, la réforme du fédéralisme du 28 août

1. Informationsdienst Straffälligenhilfe, 3/2012, p. 3.

2 . bag-s.de/nc/aktuelles/aktuelles0/article/empfehlung-der-bag-s-family-mainstreaming-wir-duerfen-nicht-die-kinder-strafen/ (25 juillet 2017).

3. V. en particulier l'art. 9 al. 3 de la Convention internationale des droits de l'enfant, adoptée par l'Assemblée générale des Nations unies le 20 novembre 1989. Ratifiée par l'Allemagne le 6 mars 1992, elle est entrée en vigueur le 5 avril 1992, BGBl. II, p. 990.

2006 [1], entrée en vigueur le 21 septembre 2006, a conduit à un morcellement de la législation en la matière et à une multiplication progressive des sources juridiques. Le processus de législation s'est achevé récemment avec l'entrée en vigueur le 1er octobre 2016 de la loi pénitentiaire berlinoise. Il existe aujourd'hui une loi pénitentiaire dans chacun des seize *Länder*. La Loi fondamentale offre néanmoins un socle de garanties communes auxquelles les *Länder* sont liés [2]. La présente contribution se propose donc d'élaborer un bref panorama de la situation allemande en centrant le propos sur l'évolution de la législation relative aux visites familiales en détention, objet de cette journée d'étude.

I. Le double impact de la Loi fondamentale sur le régime des visites familiales en détention

La Loi fondamentale donne compétence aux *Länder* pour légiférer en matière pénitentiaire et constitue par ailleurs un socle de garanties communes favorisant le maintien des liens familiaux en détention.

A. Répartition des compétences

Avec la réforme du fédéralisme de 2006, un transfert des compétences est intervenu en matière pénitentiaire. Le contrôle juridictionnel reste en revanche de la compétence de la Fédération (*Bund*).

1. Les dispositions relatives au « droit aux visites » : compétence du *Land*

Il existait auparavant une compétence législative « concurrente » (*konkurrierende Gesetzgebung*) du *Bund* et des *Länder* en matière pénitentiaire (art. 74 al. 1er n° 1 GG ancien). Dans la mesure où le

---

1. 52ème Loi de modification de la Loi fondamentale (52. Gesetz zur Änderung des Grundgesetzes) du 28 août 2006, BGBl. I, p. 2034 ; Loi d'accompagnement de la réforme du fédéralisme (Föderalismusreform-Begleitgesetz) du 5 septembre 2006, BGBl. I, p. 2098.

2. M. Fromont, « La réforme du fédéralisme allemand de 2006 », *Revue française de droit constitutionnel*, 2007/2 (n° 70), p. 227 et suiv.

Bund avait fait usage de sa compétence législative (Art. 72 al. 1er GG) par la loi pénitentiaire du 16 mars 1976 (*Strafvollzugsgesetz*, ci-après « StVollzG »), les *Länder* avaient perdu le pouvoir de légiférer en la matière [1]. La réforme du fédéralisme du 28 août 2006 est venue retirer la matière pénitentiaire des matières soumises à la compétence législative concurrente. S'appliquant désormais, l'article 70 alinéa 1er de la Loi fondamentale [2] donne compétence législative aux *Länder*. Entrée en vigueur le 1er janvier 1977, la loi pénitentiaire fédérale avait posé un principe général : « toute personne détenue a le droit d'entretenir des relations avec des personnes extérieures à l'établissement pénitentiaire » et de telles relations « doivent être favorisées » (§ 23 StVollzG). Ce droit d'entretenir des contacts extérieurs (*Recht auf Außenkontakte*) [3] était concrétisé par le § 24 alinéa 1er StVollzG [4] : « *Tout détenu a le droit de recevoir régulièrement des visites. La durée globale des visites s'élève à un minimum d'une heure par mois. Le reste est prévu par le règlement intérieur de l'établissement* ». Ces dispositions avaient été maintenues en vigueur dans les *Länder* qui n'avaient pas encore fait usage de leur compétence législative après la réforme (Art. 125a al. 1er GG). L'entrée en vigueur de la seizième et dernière loi pénitentiaire le 1er octobre 2016 dans le *Land* de Berlin est venue mettre fin à cette période transitoire. Les législations des *Länder* n'ont pas modifié l'essence même du droit aux visites même si la plupart en ont modifié le régime (notamment concernant la durée minimale garantie) [5]. Il s'agit d'un droit de la personne détenue puisant sa source en particulier dans la dignité humaine (Art. 1 al. 1er GG) et le libre

---

1. Plus précisément : « Dans le domaine de la compétence législative concurrente, les Länder ont le pouvoir de légiférer aussi longtemps et pour autant que la Fédération n'a pas fait par une loi usage de sa compétence législative » (Art. 72 al. 1er GG) [nous soulignons].

2. Art. 70 al. 1er GG : « Les Länder ont le droit de légiférer dans les cas où la présente Loi fondamentale ne confère pas à la Fédération des pouvoirs de légiférer ».

3 . J. Feest et E. Wegner in: J. Feest, W. Lesting et M. Lindemann (dir.), *Strafvollzugsgesetze Kommentar*, 7ème éd. (2017), § 25 n° 1.

4. A. Walther et J. Bosch in: J.-P. Graf (Dir.), *BeckOK Strafvollzugsrecht Bund*, 11ème éd. (2017), § 24 remarque précédant le n° 1.

5. Cependant, une minorité de Länder a repris la double structure contenue aux §§ 23, 24 StVollzG (droit à des relations extérieures et droit à des visites). D'autres ont conservé l'idée que des relations extérieures doivent être favorisées en la focalisant sur les proches (Hesse, Rhénanie-du-Nord-Westphalie), J. Feest et E. Wegner in: J. Feest, W. Lesting et M. Lindemann (dir.), *Strafvollzugsgesetze Kommentar*, 7ème éd. (2017), § 25 n° 1.

épanouissement de la personnalité (art. 2 al. 1 GG) [1] et non d'une obligation pour celle-ci de recevoir des visites [2].

2. Les dispositions relatives au contrôle juridictionnel : compétence du *Bund*

Le refus par le directeur de l'établissement pénitentiaire d'octroyer une visite peut être contesté dans le cadre d'une procédure juridictionnelle. Les §§ 109 et suiv. de la Loi fédérale pénitentiaire relatifs à la protection juridique (*Rechtsschutz*), qui constituent d'ailleurs un réel progrès dans le contrôle des mesures prises par les établissements pénitentiaires, continuent de s'appliquer [3]. Le requérant doit faire valoir que ses droits ont été atteints par la mesure prise (§ 109 al. 2 StVollzG). En matière de visites, cela peut concerner le détenu au regard de son droit aux visites ou le visiteur au regard de ses droits fondamentaux [4].

B. Obligation de protection des liens familiaux

L'Etat doit organiser des conditions de détention favorisant la « resocialisation » (*Resozialisierung*) du détenu dans la société, principe à valeur constitutionnelle résultant de la combinaison des articles 1er al. 1er, 2 al. 1er et 20 al. 1er GG [5]. Le maintien et le

---

1. Et au-delà le respect des liens conjugaux et familiaux (Art. 6 al. 1er GG) notamment. J. Feest et E. Wegner in: J. Feest, W. Lesting et M. Lindemann (dir.), *Strafvollzugsgesetze Kommentar*, 7ème éd. (2017), § 25 n° 8.

2. A. Walther et J. Bosch in: J.-P. Graf (Dir.), BeckOK *Strafvollzugsrecht Bund*, 11ème éd. (2017), § 23 n° 3, § 24 n° 3. J. Feest et E. Wegner in: J. Feest, W. Lesting et M. Lindemann (dir.), *Strafvollzugsgesetze Kommentar*, 7ème éd. (2017), § 25 n° 4.

3. M. Spaniol in: J. Feest, W. Lesting et M. Lindemann (dir.), *Strafvollzugsgesetze Kommentar*, 7ème éd. (2017), Vor § 109 n° 1.

4. A. Walther et J. Bosch in: J.-P. Graf (Dir.), „BeckOK Strafvollzugsrecht Bund", 11ème éd. (2017), § 23 n° 3; J. Feest et E. Wegner in: J. Feest, W. Lesting et M. Lindemann (dir.), Strafvollzugsgesetze Kommentar, 7ème éd. (2017), § 26 n° 31 ; Décision du Tribunal du *Land* de Ratisbonne du 2 septembre 2008 : LG Regensburg Strafverteidiger 2010, p. 375 [p. 376].

5. V. entre autres les décisions de la Cour fédérale constitutionnelle du 31 mai 2006 et du 1er juillet 1998 (jurisprudence constante) : BVerfGE 116, p. 69 (p. 85) = BVerfG Neue Juristische Wochenschrift 2006, p. 2093 [p. 2095]; BVerfGE 89, p. 315 et suiv. = BVerfG Neue Juristische Wochenschrift 1998, p. 3337.

renforcement des liens familiaux contribuent en général à cet objectif [1]. Au-delà, l'Etat a l'obligation de protéger « le mariage et la famille » (Art. 6 al. 1er GG) en prison [2]. Cela signifie que l'Etat doit non seulement prendre des mesures de protection face à des atteintes extérieures mais aussi ne pas y porter lui-même atteinte [3]. Or il est évident que la détention, si elle est la conséquence légale d'un comportement individuel fautif, met directement à mal les relations entre la personne détenue et ses proches [4]. Au-delà, la loi inscrit un certain nombre de restrictions aux visites, qui soulignent le paradoxe sous-jacent au maintien des liens familiaux en détention [5].

1. Les visites comme moyen de protection des liens familiaux

La prison est un lieu qui, par essence, sépare le détenu de sa famille [6]. L'article 6 GG prend alors « un sens particulier en matière pénitentiaire » [7]. Tant que le contact d'un détenu avec son enfant ne met pas en danger l'intérêt de l'enfant, l'Etat doit « créer les conditions générales permettant de mettre en œuvre ce contact » au

---

1. Décisions de la 2ème Chambre du 2ème Sénat de la Cour constitutionnelle fédérale du 5 mai 2008 et du 19 avril 2006 : BVerfG HRRS 2008 n° 829; BVerfG Rechtsprechungs-Report Strafrecht (NStZ-RR) 2006, p. 325 et suiv.

2. V. notamment les décisions de la Cour fédérale constitutionnelle du 6 avril 1976 et du 8 décembre 1993 : BVerfGE 42, p. 95 [p. 101] = BVerfG Neue Juristische Wochenschrift 1976, p. 1311 [p. 1312] ; BVerfGE 89, p. 315 [p. 322] = BVerfG Neue Juristische Wochenschrift 1994, p. 1401 et suiv.; décision de la 3ème Chambre du 2ème Sénat de la Cour fédérale constitutionnelle du 28 février 2013 : BVerfG HRRS 2013 n° 383.

3 . E. Pohlreich, « Rechtsprechung zu Familie und Gefängnis - Die Linien des Bundesverfassungsgerichts », AndersOrt 2015 II, p. 9.

4. BVerfGE 42, p. 95 [p. 100 et suiv.] = Neue Juristische Wochenschrift 1976, p. 1311 [p. 1312] (il s'agissait d'une détention provisoire, en l'espèce).

5. V. aussi T. Galli et M. Weilandt, « Außenkontakte im Strafvollzug – Urkonflikt von Recht und Praxis », Forum Strafvollzug 3/2014, p. 142.

6. Hormis les cas où la famille y prendrait directement part, par exemple dans le cas de dispositifs concernant l'enfant, §§ 80, 142 StVollzG (dispositifs concernant la mère et son enfant qui n'a pas encore atteint l'âge d'aller à l'école (« *Mutter-Kind-Einrichtungen* »). La Saxe, par exemple, a inscrit un dispositif concernant la mère détenue ou le père détenu et son enfant jusqu'à l'âge de trois ans (avec possibilité d'un renouvellement pouvant aller jusqu'à six mois), § 14 al. 1er de la loi pénitentiaire saxonne.

7. Décision de la 2ème chambre du 2ème Sénat de la Cour fédérale constitutionnelle du 13 août 1993 : BVerfG Neue Juristische Wochenschrift 1993, p. 3059 (Premier dispositif: « Der in Artikel 6 I GG enthaltenen wertentscheidenden Grundsatznorm kommt auch im Haftvollzug besondere Bedeutung zu »); V. BVerfGE 42, p. 95 [p. 100 f.] = Neue Juristische Wochenschrift 1976, p. 1311 [p. 1312].

regard du devoir qui lui incombe à l'article 6 al 1er GG [1]. Les visites apparaissent alors comme un moyen pour l'Etat de remplir ses obligations dans le milieu carcéral [2].

La Cour constitutionnelle fédérale évoque à ce titre des « efforts nécessaires » même si « raisonnables » de l'établissement pénitentiaire pour garantir un volume de visites approprié ou convenable (*angemessen*) [3]. Le règlement intérieur de l'établissement pénitentiaire, lequel fixe la durée des visites, leur fréquence ou les horaires [4], est susceptible de contenir des règles allant au-delà de la durée minimale garantie par la loi. L'établissement ne saurait d'ailleurs se satisfaire de mettre en œuvre la garantie minimale légale si ses capacités permettent d'aller au-delà [5]. En outre, même si la durée de visite prévue dans le règlement intérieur va déjà au-delà du minimum garanti par la loi, la protection des relations conjugales et familiales peut justifier un régime de visites privilégié. Ainsi, la durée des visites ne peut être réglementée en fonction de la seule durée de la peine à exécuter [6]. L'examen de l'article 6 alinéa 1er GG va peser dans dans l'étude de chaque cas individuel. Un établissement peut ainsi être amené à déroger aux créneaux de visite habituels dans la mesure de ses capacités [7]. Une situation de surpopulation carcérale ne saurait pourtant dispenser l'Etat de prendre les mesures nécessaires à la

1. Décision de la Cour constitutionnelle fédérale du 13 novembre 2007 : BVerfG, Beschluss der 1. Kammer des Ersten Senats vom 13. November 2007 – 1 BvR 1637/07, BeckRS 2007, p. 28228.

2. BVerfG HRRS 2008 n° 829; BVerfGE 42, p. 95 [p. 100 et suiv.] = Neue Juristische Wochenschrift 1976, p. 1311 [p. 1312].

3. BVerfG HRRS 2008 n° 829 ; BVerfGE 42, p. 95 [p. 101 et suiv.] = BVerfG Neue Juristische Wochenschrift 1976, p. 1311 [p. 1312] (« im Rahmen des Möglichen und Zumutbaren, aber auch unter angemessener Beachtung der Belange der Allgemeinheit zu begrenzen »).

4. A. Walther et J. Bosch in: J.-P. Graf (Dir.), BeckOK Strafvollzugsrecht Bund", 11ème éd. (2017), § 24 n° 10.

5. La disposition selon laquelle toute visite supplémentaire favorisant la réinsertion de la personne détenue doit être autorisée (§ 24 al. 2 StVollzG) a été reprise dans la législation des *Länder*.

6. Décision du tribunal supérieur du *Land* de Dresde du 25 septembre 1997 : OLG Dresden Neue Zeitschrift für Strafrecht 1998, p. 159.

7. BVerfGE 42, p. 95 = BVerfG Neue Juristische Wochenschrift 1976, p. 1311. Il s'agissait en l'espèce d'autoriser des visites le week-end pour permettre le maintien des liens familiaux entre une personne détenue (détention provisoire) et sa famille alors que le domicile de la famille était éloigné et des visites en semaine difficilement réalisables pour des raisons professionnelles.

protection de l'article 6 al. 1er GG [1]. L'Etat est en effet obligé d'équiper les établissements de manière à pouvoir garantir les droits fondamentaux, ce qui n'est pas sans limite [2].

Enfin, l'octroi d'un temps de visite privilégié au regard du seul critère du « mariage » (*Ehe*) pose problème dans la mesure où il ne prend pas toute la mesure de l'article 6 al. 1er GG qui vise aussi la protection de la « famille » (*Familie*)[3]. Ainsi, refuser à un détenu l'octroi d'une heure de visite supplémentaire alors que ce détenu a un enfant avec sa concubine, au motif que cette heure supplémentaire est réservée aux détenus mariés, n'est pas compatible avec l'article 6 GG. La « famille » au sens de l'article 6 al. 1er GG comprend la « communauté complète » (*umfassende Gemeinschaft*) des parents et de leurs enfants (même majeurs [4]). Dès lors qu'il a des enfants (naturels ou adoptifs [5]), le couple même non marié est appréhendé à l'intérieur de la notion de « famille ». En outre, l'art. 6 al. 2 GG [6] exige qu'un père puisse remplir ses obligations parentales, même à l'égard d'un nouveau-né [7]. En tout cas, l'appréciation de l'établissement pénitentiaire ne saurait se résumer à une application schématique au regard du statut marital du détenu [8]. Au-delà, il s'agit aussi de tenir compte de manière appropriée des intérêts de la société (« *unter angemessener Beachtung der Belange der Allgemeinheit* ») [9].
Allgemeinheit ») [9].

1. Décision de la 2ème Chambre du 2ème Sénat de la Cour constitutionnelle fédérale du 23 octobre 2006 : BVerfG Strafverteidiger 2008, p. 30 et suiv.

2. BVerfG HRRS 2008 n° 829.

3. Le mariage sera néanmoins possible pour deux personnes de même sexe à compter de l'entrée en vigueur le 1er octobre 2017 de la loi relative au mariage de personnes de même sexe du 20 juillet 2017. Gesetz zur Einführung des Rechts auf Eheschließung für Personen gleichen Geschlechts du 20 juillet 2017, BGBl. I, p. 2787.

4. V. BVerfG HRRS 2008 n° 829.

5 . E. Pohlreich, « Rechtsprechung zu Familie und Gefängnis - Die Linien des Bundesverfassungsgerichts », AndersOrt 2015 II, p. 9-10.

6. Art. 6 al. 2 GG : « Elever et éduquer les enfants sont un droit naturel des parents et une obligation qui leur échoit en priorité ». Selon le § 1626 al. 3 phrase 1 BGB, la relation d'un enfant avec ses deux parents contribue en principe à l'intérêt de l'enfant.

7. BVerfG Strafverteidiger 2008, p. 30 et suiv. ; décision du tribunal supérieur du *Land* de Bamberg du 18 janvier 1995 : OLG Bamberg Neue Zeitschrift für Strafrecht 1995, p. 304.

8. Décision du Tribunal supérieur du *Land* de Francfort sur le Main du 17 janvier 2008 : OLG Frankfurt a.M., Rechtsprechungs-Report Strafrecht (NStZ-RR) 2008, p. 261 [p. 262] : Une relation stable entre le détenu et une femme, mère de son enfant, peut justifier l'octroi d'une visite de longue durée à celle-ci, dont la protection est englobée à l'intérieur de l'article 6 al. 1er GG.

9. BVerfG HRRS 2008 n° 829.

2. Limites

Si l'organisation de visites contribue en général au maintien des liens familiaux en détention, certaines mesures vont venir en revanche restreindre l'exercice du droit aux visites [1]. Ainsi, l'article 6 alinéa 1er GG n'interdit en principe pas que le visiteur soit séparé du détenu par une vitre de sécurité, ordonnée pour empêcher la remise d'objets [2]. Les conditions dégagées par la jurisprudence sont strictes. Il faut qu'il y ait un danger d'abus concret (*konkrete Missbrauchsgefahren*) de la part du détenu ou du visiteur. Une telle mesure de restriction doit être incontournable (*unumgänglich*) [3], en d'autres termes indispensable (*unverzichtbar*) [4] : aucune mesure moins attentatoire aux relations entre époux ou aux relations familiales ne doit pouvoir être sérieusement envisagée. Un contrôle de proportionnalité particulièrement approfondi est ainsi effectué [5].

Par ailleurs, l'organisation d'une visite peut, non plus seulement être restreinte, mais exclue dans des cas exceptionnels, notamment au regard de la mise en danger de la « sécurité » et de l'« ordre » de l'établissement » [6]. Ainsi, le directeur de l'établissement peut interdire interdire la visite d'un proche s'il s'agit d'un mineur qui a été victime d'une agression sexuelle par le détenu. Dans une telle situation, des modalités de surveillance acoustique [7], qui auraient constitué une mesure simplement restrictive et non exclusive de la visite, ne sauraient être acceptées. La protection de la dignité de l'enfant (*Menschenwürde des Kindes*) vient apposer des limites au droit aux visites du détenu et au « privilège accordé aux proches »

---

1. V. le § 27 StVollzG repris dans la législation des *Länder*, par exemple en Saxe de manière plus détaillée (§ 28 et 29 de la loi pénitentiaire saxonne).

2. BVerfGE 89, p. 315 = BVerfG Neue Juristische Wochenschrift 1994, p. 1401 (il s'agissait en l'espèce de la visite de l'épouse du détenu).

3. Décision de la Cour d'appel de Berlin du 10 juin 2009: KG Rechtsprechungs-Report Strafrecht (NStZ-RR) 2009, p. 388 [p. 389].

4. Décision de la Cour d'appel de Berlin du 27 juin 2011: KG Rechtsprechungs-Report Strafrecht (NStZ-RR) 2011, p. 388 [p. 389].

5. KG Rechtsprechungs-Report Strafrecht (NStZ-RR) 2009, p. 388 [p. 389].

6. Les *Länder* ont dans l'ensemble pris des dispositions équivalentes au § 25 StVollzG tout en les précisant ou élargissant.

7. V. plus largement sur ce sujet la décision de la 2ème Chambre du 2ème Sénat de la Cour constitutionnelle fédérale du 31 août 1993 : BVerfG Neue Zeitschrift für Strafrecht 1994, p. 52.

(*Angehörigenprivileg*) qui découle de l'article 6 GG. La garantie des articles 1er alinéa 1er (dignité humaine) et 2 alinéa 1er GG (libre épanouissement de la personnalité) prime donc sur celle de l'article 6 GG [1]. A cet égard, on peut citer le cas du Schleswig-Holstein qui a inscrit ultérieurement dans sa loi le bien de l'enfant ou intérêt de l'enfant (*Kindeswohl*) comme critère d'évaluation de la proportionnalité d'une mesure d'interdiction de la visite (§ 43 al. 2).

Enfin, on peut noter la subsistance d'une loi très attentatoire aux droits fondamentaux du détenu et du visiteur (en particulier au regard de l'article 6 GG mais pas seulement) : dans des cas exceptionnels (en matière de terrorisme), tout contact du détenu « avec le monde extérieur » (*mit der Außenwelt*) est susceptible d'être verrouillé (« *Kontaktsperre* », §§ 31 et suiv. de la loi d'introduction de la loi sur l'organisation de la justice [2]). L'abolition de cette loi, introduite en 1977 à une période marquée par la Fraction armée rouge, a été envisagée récemment.

II. La place accordée aux visites familiales dans la législation pénitentiaire des *Länder*

L'exercice du droit aux visites est significatif dans la mesure où il est le seul moyen pour la personne détenue, qui ne bénéficie pas encore de sorties dans le cadre d'un aménagement de peine, d'entretenir une relation directe avec ses proches [3]. L'importance de maintenir des liens entre le détenu et sa famille – également au regard de la réinsertion future du détenu – a été de plus en plus prise en compte par les *Länder* dans l'élaboration de leurs lois pénitentiaires.

---

1. Décision du Tribunal supérieur du *Land* de Nürnberg du 2 novembre 1998 : OLG Nürnberg, Neue Zeitschrift für Strafrecht 1999, p. 376.

2. *Einführungsgesetz zum Gerichtsverfassungsgesetz.*

3 . *Entwurf eines Gesetzes über den Vollzug der Freiheitsstrafe und der freiheitsentziehenden Maßregeln der Besserung und Sicherung*, BT-Drs. 7/918, 23 juillet 1973, p. 57 ; F. Arloth , H. Krä, „Strafvollzugsgesetze Bund und Länder", 4ème éd. (2017), § 24 n° 1.

A. Un processus non uniforme

Le processus de législation dans les *Länder* laisse entrevoir deux tendances. La première se raccroche plutôt à l'écriture de la loi fédérale, tandis que la seconde s'en détache en inscrivant la famille plus au cœur de la loi.

1. La durée mensuelle minimale de visite dans les lois des *Länder* [1]

Après la réforme de 2006, certains *Länder* ont immédiatement élaboré leur propre loi pénitentiaire. C'est le cas notamment de la Bavière. La loi pénitentiaire bavaroise retranscrit les §§ 23 et 24 StVollzG en ses articles 26 et 27. En revanche, une différence de taille apparaît dans son article 2 s'agissant des fonctions de l'exécution d'une peine d'emprisonnement : il met au premier plan la « protection de la communauté face à la commission de nouvelles infractions » (alinéa 1er) et fait basculer au second plan la « mission de traitement » consistant à « rendre les personnes incarcérées capables de mener une vie future responsable sans nouvelles infractions » (alinéa 2). L'ordre initialement établi par la loi fédérale qui inscrivait la resocialisation dans une phrase précédant la protection de la société est donc inversé [2]. La doctrine s'étonne par ailleurs de ce que certains *Länder* (Bade-Wurtemberg, Basse-Saxe, Bavière, Hambourg, Hesse, Sarre) aient repris dans leurs lois respectives [3] la très réduite durée minimale d'une heure par mois prévue par la loi fédérale [4]. Les autres *Länder*,

---

1. Il s'agit d'un bref panorama ne permettant pas de rendre compte de la diversité des situations juridiques. Les développements se concentrent sur la situation d'un adulte détenu en centre fermé dans le cadre de l'exécution de sa peine d'emprisonnement et laissent de côté les dispositions spécifiques aux jeunes délinquants, à la détention avant procès (détention provisoire) ou postérieure à l'exécution de la peine (la rétention de sûreté).

2. § 2 StVollzG: « Im Vollzug der Freiheitsstrafe soll der Gefangene fähig werden, künftig in sozialer Verantwortung ein Leben ohne Straftaten zu führen (Vollzugsziel). Der Vollzug der Freiheitsstrafe dient auch dem Schutz der Allgemeinheit vor weiteren Straftaten ».

3. Art. 27 al. 1er de la loi pénitentiaire de Bavière du 10 décembre 2007 ; § 26 al. 1er de la loi pénitentiaire de Hambourg du 14 juillet 2009 ; § 19 al. 2 du Livre 3 de la loi pénitentiaire du Bade-Wurtemberg du 4 novembre 2009 ; § 25 al. 1er de la loi pénitentiaire de Basse-Saxe du 8 avril 2014 ; § 34 al. 1er de la loi pénitentiaire de Hesse ; § 26 al. 1er de la loi pénitentiaire de Sarre du 24 avril 2013 (dans sa version modifiée par la loi du 21 janvier 2015).

4 . J. Feest et E. Wegner in: J. Feest, W. Lesting et M. Lindemann (dir.), *Strafvollzugsgesetze Kommentar*, 7ème éd. (2017), § 26 n° 6.

ayant notamment participé à l'élaboration d'un modèle de loi pénitentiaire (*Musterentwurf* de 2011), ont augmenté cette durée. La durée mensuelle de visite est rehaussée à un minimum de deux heures à Berlin, à Brême, en Mecklembourg-Poméranie, en Rhénanie-du-Nord-Westphalie, en Rhénanie-Palatinat, en Saxe-Anhalt, au Schleswig-Holstein et en Thuringe. En Saxe, chaque détenu a le droit de recevoir des visites pendant quatre heures par mois (§ 26 al. 1er de la loi pénitentiaire de Saxe). La loi pénitentiaire du Brandebourg prévoit quant à elle un minimum de quatre heures par mois (§ 34 al. 1er). Au-delà de ce cadre général, les *Länder* prévoient une possibilité complémentaire de visites favorisant la réinsertion du détenu. Par exemple, un établissement pénitentiaire en Saxe peut augmenter la durée légalement prévue, notamment au regard des relations du détenu avec ses proches « qui sont à favoriser » (§ 26 de la loi pénitentiaire de Saxe). Enfin, certaines lois pénitentiaires prévoient expressément une voire deux heures de visites supplémentaires par mois pour les enfants du détenu (Berlin, Brême, Mecklembourg-Poméranie, Rhénanie-du-Nord-Westphalie, Rhénanie-Palatinat, Saxe-Anhalt, Schleswig-Holstein et Thuringe), ce qui montre qu'une partie des *Länder* s'est donnée pour objectif de mieux prendre en compte la famille.

2. La prise en compte de la famille dans certaines lois

Si la famille n'avait pas été expressément prise en compte par les rédacteurs de la loi pénitentiaire fédérale, certains *Länder* lui ont accordé une place lors de la rédaction du *Musterentwurf*, texte qui a servi de modèle pour la rédaction de certaines lois. Le Schleswig-Holstein, *Land* du nord jouxtant le Danemark, offre un exemple très contrastant dans la mesure où le mot « famille » apparaît à onze reprises dans le corps de la loi pénitentiaire et les « intérêts des membres de la famille du détenu » sont inscrits parmi les principes de l'organisation pénitentiaire (§ 3 al. 6 de la loi).

De nombreuses initiatives locales en faveur du maintien des liens familiaux ont sans doute contribué à une meilleure prise en compte de la famille dans le processus législatif de certains *Länder*. Ainsi, la coopération entre l'établissement pénitentiaire de Bielefeld-Brackwede et Diakonie für Bielefeld gGmbH constitue un terreau d'expérience exceptionnel en Rhénanie-du-Nord-Westphalie. Ce programme, qui permet d'assurer des activités de groupe entre le parent détenu (père ou mère) et son enfant [1], non décomptées du temps de visite régulier, constitue un espace-temps favorisant nettement le maintien des liens familiaux. Il y est d'ailleurs fait référence dans un texte politique visant à construire des standards à l'échelle du *Land* dans le respect des droits de l'enfant [2]. Le législateur de Rhénanie-du-Nord-Westphalie a ainsi inscrit dans le § 19 alinéa 2 de la loi pénitentiaire la nécessité de prendre des mesures d'aménagement concernant le temps et les conditions de visite dans l'intérêt de l'enfant [3].

Enfin, la Saxe fait figure de proue en ayant pris des engagements concrets sur la mise en œuvre de mesures accompagnant le régime des visites en faveur de la famille. Un groupe de travail a été créé en mai 2013 au niveau du *Land* en faveur d'une « organisation pénitentiaire orientée sur la famille » (*Familienorientierte Vollzugsgestaltung*) [4]. Des standards *minima* ont été définis au niveau du *Land* pour développer des espaces de visite en faveur de la famille au sein des établissements pénitentiaires [5]. Dans cet objectif, des critères qualitatifs ont été élaborés pour l'aménagement de locaux adaptés aux familles (ex : existence d'un coin jeux et de chaises pour bébé, colorisation des murs et isolation phonique), le personnel et les horaires de visite (ex : assurer des créneaux de visite quatre samedis ou dimanches par mois) [6]. Certains de ces engagements sont déjà mis en œuvre dans les établissements pénitentiaires du *Land*.

---

1 . V. http://www.das-kommt-aus bielefeld.de/aktuelles/details/news/15/6/2015/diakonie-fuer-bielefeld-und-jva-bielefeld-brackwede-schliessen-vertrag-familienorientierter-strafvol.html (25 juillet 2017).

2 . *Antrag der Fraktion der FDP*, 2 juillet 2013, Dr. 16/3453, disponible sous : https://www.landtag.nrw.de/portal/WWW/dokumentenarchiv/Dokument/MMD16-3453.pdf (25 juillet 2017).

3. Un guide des bonnes pratiques doit faciliter une application unifiée des dispositions législatives favorables aux enfants, V. landtag.nrw.de/portal/WWW/dokumentenarchiv/Dokument/MMV16-3141.pdf (25 juillet 2017).

4. V. https://www.justiz.sachsen.de/jvac/content/831.htm (25 juillet 2017).

5. Lettre du 13 juin 2016 au Président du Parlement du Land de Saxe, consultable sous http://ggbo.de/wp-content/uploads/2016/02/Sachsen-6_-5140-Mindeststandards-für-familienfreundliche-Besuchsbereiche-in-den-sächsischen-Justizvollzugsanstalten-Nachfrage-zur-Drs.-64823.pdf (25 juillet 2017).

6. Lettre du 13 juin 2016 au Président du Parlement du Land de Saxe.

B. Les modes de visites spécifiques au maintien des liens familiaux

L'espace clos inhérent à la détention est un obstacle au maintien des liens familiaux. Des solutions existent néanmoins pour ouvrir un espace-temps à la famille, que ce soit à l'intérieur de l'espace clos ou à travers les murs.

1. Visites dites de longue durée (*Langzeitbesuche*)

Le dispositif des visites de longue durée (*Langzeitbesuche*) [1], destiné à favoriser le maintien des liens familiaux, n'avait pas de base légale avant le transfert de compétence législative aux *Länder*. Ce dispositif pouvait néanmoins être librement établi dans la mesure des capacités des établissements. Il s'agit en général d'espaces séparés, suffisamment grands et équipés d'un coin kitchenette et d'une salle de douche privative, aménagés à l'intérieur de l'établissement pénitentiaire [2]. L'aménagement de tels espaces doit permettre au détenu de recevoir de manière digne sa famille en particulier. Désormais, certaines lois des *Länder* prévoient explicitement ce dispositif. Les lois pénitentiaires de Berlin (§ 29 al. 4), du Brandebourg (§ 34 al. 4), de Brême (§ 26 al. 4), du Mecklembourg-Poméranie (§ 26 al. 4), de Rhénanie-du-Nord-Westphalie (§ 19 al. 4) ou encore du Schleswig-Holstein (§ 42 al. 4) lui attribuent expressément un objectif de maintien des liens familiaux, tandis que les lois de Rhénanie-Palatinat (§ 33 al. 5) ou de Saxe-Anhalt (§ 33 al. 5) se concentrent sur l'effet de réinsertion d'une telle mesure. Les lois des *Länder* concernés ne prévoient pas de durée déterminée ce qui génère des différences en pratique. Le critère temporel légalement prévu – une visite de « plusieurs heures » (« *mehrstündig* ») qui peut en pratique s'élever par exemple à trois ou six heures selon les établissements – implique que le dispositif est encore loin de la durée maximale autorisée en France dans le cadre des unités de vie familiale.

---

1. Il s'agit de visites en principe non surveillées, même si un dispositif de surveillance est installé dans certains cas. Ainsi la loi pénitentiaire de Brême prévoit expressément la surveillance des visites longue durée lorsque le visiteur a moins de dix-huit ans (§ 26 al. 4).

2 . J. Feest et E. Wegner in: J. Feest, W. Lesting et M. Lindemann (dir.), *Strafvollzugsgesetze Kommentar*, 7ème éd. (2017), § 26 n° 24.

En outre, la majorité des lois concernées ne créent qu'une *possibilité* pour le détenu de se voir octroyer une visite de longue durée et non un droit ; le détenu a en revanche droit à ce que sa demande soit étudiée [1]. Seul le Brandebourg a consacré dans sa loi une *obligation* pour les établissements pénitentiaires du *Land* d'autoriser une visite non surveillée de plusieurs heures (*Langzeitbesuche*) (« *sind zuzulassen* »), dès lors que les conditions sont réunies. Il faut qu'une telle visite « semble s'imposer » (« *geboten erscheint* ») au regard du maintien des contacts familiaux (ou contacts équivalents) et que le détenu soit « apte » (*geeignet*) (§ 34 al. 4) [2]. Face à l'imprécision de ces critères, l'établissement garde une large marge d'appréciation ; en tout cas, c'est au directeur de l'établissement pénitentiaire que revient la décision. Il règne une certaine opacité autour du critère d'aptitude qui n'est en général pas défini par la loi. Seule la loi pénitentiaire de Brême définit ce qu'est l'inaptitude : « un détenu est en général inapte lorsqu'il a été condamné à une peine d'emprisonnement d'au moins deux ans en raison d'une infraction volontaire consistant en une atteinte à la vie, à l'intégrité corporelle, à la liberté individuelle ou à l'auto-détermination sexuelle » (§ 26 al. 4). Cette définition rend en revanche une partie de la doctrine circonspecte dans la mesure où le dispositif de visites de longue durée est censé compenser les effets d'une détention longue [3].

2. Skype : un pas vers des visites virtuelles ?

Un mode de visite pour le moins inhabituel voit le jour avec le développement des nouvelles technologies dans les prisons. Les *Länder* ont adopté des dispositions donnant une base légale à d'« autres formes de télécommunication » [4]. Inspiré par son voisin néerlandais, l'établissement pénitentiaire de Lingen (Basse-saxe) a

1. K. Laubenthal, *Strafvollzug*, Springer Berlin Heidelberg, 7ème éd. (2015), n° 521.

2 . J. Feest et E. Wegner in: J. Feest, W. Lesting et M. Lindemann (dir.), *Strafvollzugsgesetze Kommentar*, 7ème éd. (2017), § 26 n° 22; K. Laubenthal, Strafvollzug, Springer Berlin Heidelberg, 7ème éd. (2015), n° 521.

3 . J. Feest et E. Wegner in: J. Feest, W. Lesting et M. Lindemann (dir.), *Strafvollzugsgesetze Kommentar*, 7ème éd. (2017), § 26 n° 21.

4. V. not. : § 33 al. 3 de loi pénitentiaire de Basse-Saxe, § 27 de la loi pénitentiaire de Rhénanie-du-Nord-Westphalie, § 52 de la loi pénitentiaire du Schleswig Holstein, § 36 de la loi pénitentiaire de Saxe.

introduit skype [1]. Même si ce dispositif est encore peu répandu à l'intérieur des prisons, il a été intégré de manière durable dans certains établissements comme celui de Detmold en Rhénanie-du-Nord-Westphalie suite à un projet pilote abouti. Sur la page internet de cet établissement, on retrouve la référence au critère d'aptitude du détenu éligible (*geeignete Inhaftierte*) pour l'octroi d'un tel mode de communication [2]. Un système de communication par « vidéo-chat » constitue une avancée considérable dans des cas où la distance entre le domicile de la famille et le lieu de détention – pour des raisons géographiques ou financières – ne permet pas de visites régulières ; c'est en particulier le cas lorsque le détenu est étranger et que sa famille vit à l'étranger comme le montre l'exemple d'un détenu albanais dans un établissement du Schleswig-Holstein à l'occasion d'un projet pilote [3]. Ce mode de communication permet par ailleurs de se dispenser de certaines procédures nécessaires lors de visites réelles (fouille du visiteur) et donc de décharger le personnel. Les praticiens rapportent qu'une surveillance visuelle est effectuée *via* un autre ordinateur et que les données ne sont pas enregistrées [4]. En l'absence de surveillance acoustique, une relation de confiance doit être établie. Un mode de visite virtuel ne saurait remplacer les contacts réels permis par les visites mais offre une chance à coût réduit de maintenir un contact continu et donc de favoriser le maintien des relations familiales.

La réforme retirant au *Bund* la compétence législative en matière pénitentiaire a été critiquée avec véhémence à ses débuts dans la mesure où était craint un morcellement nocif du système [5]. Dix ans plus tard, on peut constater – si l'on s'en tient au seul régime des visites en détention [6] – que certains *Länder* montrent non seulement une volonté politique mais également un engagement concret, en particulier en Saxe, de contribuer au maintien des liens familiaux en

1. P. Holt, « Skype in der JVA Lingen », Forum Strafvollzug 3/2014, p. 149 et suiv.
2. jva-detmold.nrw.de/aufgaben/projekte/10_Internettelefonie/index.php (25 juillet 2017).
3. http://www.schleswig-holstein.de/DE/Landesregierung/II/_startseite/Artikel2016/160518_skype_jva_nms_startseite.html (25 juillet 2017).
4. P. Holt, « Skype in der JVA Lingen », Forum Strafvollzug 3/2014, p. 149.
5. V. entre autres : H. Müller-Dietz, « Gesetzgebungszuständigkeit für den Strafvollzug », Zeitschrift für Rechtspolitik 2005, p. 156 et suiv.
6. L'impact de la réforme sur d'autres dispositifs, comme celui de l'aménagement des peines (*Vollzugslockerung*), mériterait une réflexion approfondie.

détention. Certes, la réforme a conduit à l'adoption de régimes de visite différents par les législateurs des *Länder*, qui sont néanmoins liés au respect des droits fondamentaux [1]. Ces différences sont le reflet de divergences politiques ou encore d'influences culturelles, comme c'est le cas pour Schleswig-Holstein, proche du Danemark.

Les différences issues des lois mises en place par les *Länder* ne sauraient cependant constituer une inégalité de traitement au regard de l'article 3 alinéa 1er de la Loi fondamentale dès lors que l'appréciation d'une inégalité se fait à l'intérieur d'un cadre de référence normatif donné [2]. Par ailleurs, la législation fédérale antérieure n'empêchait pas les différences en pratique : la durée minimale d'une heure de visite mensuelle (§ 24 al. 1er StVollzG) était tellement réduite qu'elles laissaient finalement une large marge de manœuvre aux établissements pénitentiaires ; c'est d'ailleurs encore le cas dans les *Länder* comme la Bavière qui ont fait le choix de reprendre cette disposition. On peut imaginer qu'une réforme du § 24 al. 1er StVollzG, si le système antérieur avait été maintenu, aurait pu s'avérer délicate. Dans la mesure où les *Länder* concourent à la législation fédérale « par l'intermédiaire du *Bundesrat* » (Art. 50 al. 1er GG), certains auraient pu peser dans le processus législatif. Le fait de laisser les *Länder* libres de choisir leur législation en la matière crée finalement « une mise en concurrence » non pas « mesquine » («*Wettbewerb der Schäbigkeit* » [3]) – c'est le reproche qui était fait à l'époque – mais une dynamique progressiste. Lors de la discussion de la loi pénitentiaire berlinoise, des comparaisons critiques de certains hommes politiques (*Grüne*, *Linke*) au regard de la loi du *Land* voisin (Brandebourg) vont dans ce sens.

Le principal obstacle au respect du maintien des liens familiaux en détention résulte, sans aucun doute, de contingences matérielles et financières propres à chaque *Land*, impactant la pratique. Au-delà, comme le soulignent Thomas Galli et Mathias Weilandt, tant le

---

1 . E. Pohlreich, « Die Gesetzgebungskompetenz für den Vollzug von Straf- und Untersuchungshaft nach der Föderalismusreform I » in: B. Brunhöber et autres (dir.), Strafrecht und Verfassung, 2012, p. 119.

2 . E. Pohlreich, « Die Gesetzgebungskompetenz für den Vollzug von Straf- und Untersuchungshaft nach der Föderalismusreform I » in: B. Brunhöber et autres (dir.), Strafrecht und Verfassung, 2012, p. 120.

3. M. Klingst, « Wettbewerb der Schäbigkeit », *Die Zeit* 52/2004.

législateur que le praticien sont face à un « dilemme en partie insoluble », « celui d'un conflit originel entre la resocialisation de la personne détenue et les impératifs de sécurité et d'ordre propres à la structure de l'établissement pénitentiaire » [1].

1. T. Galli et M. Weilandt, « Außenkontakte im Strafvollzug – Urkonflikt von Recht und Praxis », *Forum Strafvollzug* 3/2014, p. 142.

La Cour pénale internationale et l'obligation positive de financer les visites familiales

Par Pierre-Jérôme Delage

La norme 100-1 du Règlement de la Cour pénale internationale dispose que « Toute personne détenue est habilitée à recevoir des visites ». La norme 179-1 du Règlement du Greffe de la Cour, quant à elle, ajoute que « Le Greffier prête une attention particulière aux visites des membres de la famille de la personne détenue, afin que les liens familiaux soient conservés ». De la combinaison de ces deux normes, il résulte donc, comme l'affirme notamment l'Assemblée des Etats parties au Statut de Rome, que les « personnes détenues » dans le cadre des affaires relevant de la compétence de la Cour pénale internationale « ont le droit de recevoir des visites » (en particulier des membres de leur famille) [1].

On sait qu'au regard du Conseil de l'Europe, pour qu'un tel « droit de recevoir des visites » soit, non pas théorique et illusoire, mais concret et effectif, il importe de faire en sorte que les détenus soient « affectés, dans toute la mesure du possible, dans des prisons situées à proximité de leurs familles ou de leurs proches » [2]. Or, à cet égard, la situation des détenus de la Cour pénale internationale se signale d'emblée par l'impossibilité de respecter tout rapprochement familial. Et pour cause : à ces personnes actuellement incarcérées à La Haye, aux Pays-Bas, ce sont des faits commis sur le continent africain

1. Résolution du 21 nov. 2008, ICC-ASP/7/Res.3, § 17 ; Résolution du 26 nov. 2009, ICC-ASP/8/Res.4, préambule.

2. Recommandation Rec(2003)23 du Comité des Ministres du Conseil de l'Europe aux Etats membres concernant la gestion par les administrations pénitentiaires des condamnés à perpétuité et des autres détenus de longue durée, 9 oct. 2003, § 22.

(République démocratique du Congo, Côte d'Ivoire…) qui sont reprochés, continent où résident, en règle générale, les membres de leur famille. Le rapprochement familial écarté c'est, dès lors, vers une autre option à même de garantir l'effectivité du droit des personnes détenues à recevoir des visites que l'on est tenté de se tourner : celle du financement des visites familiales. Et le fait est que, relativement à ce financement, la Présidence de la Cour pénale internationale a eu l'occasion de prendre une position remarquable, en reconnaissant l'existence d'une obligation positive de prendre en charge les visites familiales (I). Il reste que, de la théorie à la pratique, cette obligation positive risque de peiner à être durablement assumée par la Cour, en raison des réticences témoignées à son encontre par les Etats parties au Statut de Rome (II).

I. La consécration jurisprudentielle d'une obligation positive de financer les visites familiales

C'est essentiellement à partir de l'année 2008 que la question du financement du coût des visites faites aux détenus a été abordée au sein de la Cour pénale internationale et des organes rattachés à son Statut. En juin 2008, le Groupe de travail de La Haye tenait ainsi une réunion à l'occasion de laquelle ses membres s'entendaient sur une liste de questions à prendre en compte dans le contexte de l'examen du financement (au titre du budget de la Cour) des visites familiales faites aux détenus (questions parmi lesquelles figuraient, entres autres, celle de l'existence, ou non, de pratiques d'ores et déjà suivies en la matière à l'échelon international [1]). A la suite de quoi, en juillet de la même année, la Cour pénale internationale organisait un séminaire auquel participait un certain nombre d'organisations intéressées (le Comité International de la Croix-Rouge, le Haut-Commissariat des Nations Unies aux droits de l'homme, ou encore les Tribunaux pénaux internationaux pour le Rwanda et l'ex-Yougoslavie et le Tribunal spécial pour la Sierra Leone). Ce séminaire avait pour but de contribuer à l'établissement par la Cour d'un rapport qu'elle avait été invitée à rédiger par l'Assemblée des Etats parties, afin « d'évaluer […] les questions juridiques et les mesures à prendre en matière de

1. V. *Infra*.

visites familiales [...] et les incidences financières de telles visites » [1]. La Cour rendait son rapport quelques mois plus tard, en octobre 2008, ce qui était pour elle l'occasion de mettre en avant les trois constats suivants. Tout d'abord, c'est la Cour elle-même qui, jusqu'alors, avait financé le coût des visites faites aux détenus, sous la condition que ceux-ci soient indigents (les fonds nécessaires à ce financement ayant donc été prélevés sur le budget de la Cour, en particulier sur le budget affecté à la Section de la détention) [2]. Ensuite, selon le droit international existant (droit conventionnel, droit international coutumier, principes généraux du droit), la portée du droit aux visites familiales ne comportait pas d'obligation positive pour l'autorité ayant procédé à la détention de financer de telles visites [3]. Enfin, la pratique suivie en matière de financement des visites par les autres tribunaux pénaux internationaux était extrêmement limitée. A ce dernier égard, seul en effet le Tribunal spécial pour la Sierra Leone versait une allocation mensuelle de 100 dollars par famille aux fins de visites des détenus – mais uniquement des détenus incarcérés dans le pays même. A l'inverse, tant le Tribunal pénal international pour l'ex-Yougoslavie que le Tribunal pénal international pour le Rwanda n'avaient pas de pratique analogue [4]. Certes, le Tribunal pénal international pour l'ex-Yougoslavie avait bien envisagé, en 2006, de financer le coût des visites familiales faites aux détenus (eux-mêmes incarcérés à La Haye). Mais c'était pour finalement renoncer à cette possibilité, le Tribunal étant parvenu à la conclusion qu'il n'existait aucune règle juridique qui lui imposerait de fournir une assistance financière pour les visites familiales [5]. Quant au Tribunal pénal international pour le Rwanda, il n'avait jamais envisagé de financer les visites des familles aux détenus. Un tel refus de financement avait d'ailleurs engendré, de l'aveu même d'un conseiller spécial du Greffier du Tribunal, une « pratique troublante » : des accusés avaient fait citer leurs proches comme témoins dans la procédure qui les visaient dans l'unique but de

---

1. Résolution du 14 déc. 2007, ICC-ASP/6/Res.2, § 14.

2. Rapport de la Cour sur les visites familiales aux détenus indigents, 5 nov. 2008, ICC-ASP/7/24, § 4 et 8.

3. *Ibid.*, § 16.

4. *Ibid.*, § 24-26.

5. Rapport du Bureau sur les visites familiales aux détenus, 6 nov. 2008, ICC-ASP/7/30, § 10.

les voir à cette occasion (le déplacement des proches étant, dans ce cas, financé par le Tribunal) [1].

C'est alors que la Présidence de la Cour pénale internationale allait être amenée à examiner la question du financement des visites familiales faites aux détenus, sur la base d'une demande confidentielle *ex parte* adressée à elle le 21 novembre 2008 par Mathieu Ngudjolo Chui (lequel, accusé de trois crimes contre l'humanité et sept crimes de guerre commis en République démocratique du Congo, sera finalement acquitté par la Chambre de première instance II de la Cour en décembre 2012, verdict que confirmera la Chambre d'appel en février 2015). Dans sa demande à la Présidence, Mathieu Ngudjolo Chui faisait, en substance, valoir qu'une décision que le Greffier de la Cour avait prise à son encontre revenait ni plus ni moins qu'à lui refuser le droit qui était le sien à des visites familiales (étant précisé que Mathieu Ngudjolo Chui était un détenu considéré comme indigent et, par là même, insusceptible de pouvoir financer sur ses propres fonds le déplacement et le séjour de ses proches aux Pays-Bas – en l'occurrence, le déplacement et le séjour de son épouse et de ses six enfants, eux-mêmes indigents) [2]. Or, cette demande confidentielle devait aboutir à ce que la Présidence de la Cour rende, le 10 mars 2009, une décision aux termes de laquelle elle estimait que, dans le cas des détenus indigents et malgré l'absence de reconnaissance d'un droit général au financement des visites familiales dans les textes de la Cour ou dans les instruments internationaux en matière de droits de l'homme, « une obligation positive de prendre en charge les visites familiales d[evait] être considérée comme implicite afin de rendre effectif un droit qui sinon serait sans effet sur la situation particulière du détenu » [3]. Et la Présidence de demander en conséquence au Greffier de la Cour de veiller à ce que le financement des visites familiales des personnes détenues indigentes soit prévu dans le budget de la Cour, puis d'insister sur le fait que, bien que ce financement puisse être complété, le cas échéant, par des sommes d'argent

1. V. sur le site de l'association Ban Public : « Interrogations à propos des visites familiales aux détenus », 18 juill. 2008, http://prison.eu.org/spip.php?article10994 (consulté le 20 août 2017).

2. CPI, Présidence, 10 mars 2009, *Decision on Mr Mathieu Ngudjolo's Complaint Under Regulation 221(1) of the Regulations of the Registry Against the Registrar's Decision of 18 November 2008*, ICC-RoR-217-02/08, § 3-5.

3. *Ibid.*, § 37.

provenant d'autres sources, la responsabilité de cette prise en charge financière revenait principalement à la Cour pénale internationale [1].

II. Les difficultés à assumer l'obligation positive de financer les visites familiales

Assurément, la décision de la Présidence du 10 mars 2009 était salutaire pour les détenus les plus modestes, en ce qu'elle garantissait l'effectivité de leur droit de recevoir des visites. Néanmoins, très vite, cette décision allait susciter des réserves. En novembre 2009, l'Assemblée des Etats parties au Statut de Rome adoptait ainsi une résolution aux termes de laquelle elle tenait à affirmer que, « conformément au droit et aux normes en vigueur, le droit aux visites familiales n'a pas pour corollaire le droit à la prise en charge de ces visites par les autorités ayant procédé à la détention » [2]. Et, un an plus tard, la même Assemblée prenait une autre résolution, décidant de la création « d'un fonds d'affectation spéciale aux fins du financement des visites familiales aux détenus indigents par l'entremise de dons consentis librement » [3]. A travers ces deux résolutions, l'objectif de l'Assemblée des Etats parties était donc double : il s'agissait, d'une part, de tempérer l'affirmation d'une obligation positive de financement du coût des visites par la Cour en rappelant qu'il n'existe aucun droit subjectif juridiquement reconnu à un tel financement et, d'autre part, de mettre un terme au financement des visites par la Cour elle-même, en créant un fonds destiné à recevoir des contributions volontaires.

Rapidement, ce fonds dédié au financement des visites familiales allait être créé. Mais pour quel succès ? Pour un succès, à la vérité, très relatif. C'est qu'en effet, depuis sa création, le fonds d'affectation spéciale n'a guère reçu que six contributions, émanant de quatre Etats (l'Allemagne, les Pays-Bas, les Philippines et la Suisse). Il est vrai que, « grâce à ces contributions, la Cour a été en mesure, depuis 2011, d'organiser 26 visites (soit en tout 80 personnes) au profit de sept

1. *Ibid.*, § 41.

2. Résolution du 26 nov. 2009, ICC-ASP/8/Res.4, préambule et § 2.

3. Résolution du 10 déc. 2010, ICC–ASP/9/Res.4, point X.

détenus » [1]. Pour autant, cette alimentation financière (qui doit permettre d'assumer, outre le prix des billets d'avion pour assurer le voyage à destination et en provenance des Pays-Bas, divers frais liés à l'établissement de passeports, à la délivrance de visas, ou encore à l'hébergement des visiteurs) se révèle très insuffisante, comme l'indique le montant, en baisse systématique ces dernières années, des sommes annuellement affectées au financement des visites familiales des détenus de la Cour pénale internationale : en 2013, un peu plus de 52 000 euros ; en 2014, un peu plus de 34 000 euros ; en 2015, à peine plus de 9 000 euros [2].

Certes, l'état de fait pourrait être tempéré en constatant que toutes les personnes détenues à La Haye dans le cadre des affaires relevant de la compétence de la Cour pénale internationale ne sont pas indigentes. C'est ainsi que Jean-Pierre Bemba, ancien vice-président de la République démocratique du Congo et condamné en 2016 par la Cour à une peine privative de liberté de 18 ans (pour des faits de crimes contre l'humanité et crimes de guerre), paie lui-même les frais de visite pour sa famille (qui réside en Europe), quand d'autres détenus, tels Laurent Gbagbo et Charles Blé Goudé reçoivent, non seulement des visites de leurs proches et de leurs soutiens politiques, mais encore des dons (vêtements, montres etc.) qu'ils redistribuent à la suite – autant d'éléments laissant présumer qu'ils ne sont en rien en état d'indigence [3]. Mais il n'empêche : le risque est bien que, dans un avenir proche, celles des personnes indigentes et incarcérées à La Haye pour des crimes relevant de la compétence de la Cour pénale internationale ne puissent plus faire l'objet de visites, faute de fonds disponibles – situation qui ne manquerait alors pas de porter atteinte à « la crédibilité » [4] de la Cour. C'est d'ailleurs, probablement, la raison

1. V. les éléments rapportés sur le site de la CPI, « Fonds d'affectation spéciale pour les visites familiales », https://www.icc-cpi.int/trust-fund-for-family-visits?ln=fr (consulté le 20 août 2017).

2. Amnesty International, *Cour pénale internationale : cinq recommandations à la 14e session de l'Assemblée des Etats parties (18-26 novembre 2015)*, oct. 2015, p. 8, https://www.amnesty.org/en/documents/ior53/2777/2015/en/ (consulté le 20 août 2017).

3. S. Maupas, « Justice internationale : Des détenus de la CPI demandent à voir leur famille », rfi.fr, 22 sept. 2016, http://www.rfi.fr/afrique/20160922-detenus-cpi-voir-famille-cour-penale-internationale-ougandais-congolais-ntaganda-on (consulté le 20 août 2017).

4. Amnesty International, *Cour pénale internationale : cinq recommandations à la 14e session de l'Assemblée des Etats parties (18-26 novembre 2015)*, oct. 2015, p. 8, https://www.amnesty.org/en/documents/ior53/2777/2015/en/ (consulté le 20 août 2017).

pour laquelle, en août 2016, la Présidence de la Cour pénale internationale a jugé nécessaire de réaffirmer l'obligation qui est celle de la Cour « d'assurer aux personnes détenues la jouissance effective de leur droit de recevoir des visites familiales, notamment par le financement de telles visites »[1]. Et c'est aussi, certainement, pour éviter que sa légitimité ne soit trop mise à mal, que la Cour elle-même a explicitement reconnu avoir « besoin de plus de contributions pour organiser les visites familiales à prévoir dans les mois et les années à venir et éviter ainsi le risque de ne pas pouvoir assumer ses responsabilités en la matière à l'égard des détenus indigents et des membres de leur famille »[2].

Hélas (et quoique l'avenir ne soit jamais certain), c'est le scepticisme qui semble devoir rester de mise quant à une alimentation future substantielle et régulière du fonds d'affectation spéciale. En voici la raison majeure (au moins s'agissant des pays européens, auxquels se limiteront les dernières remarques à suivre[3]), qui tient aux politiques pénitentiaires internes. A l'heure actuelle, en Europe, deux Etats seulement, en effet, ont mis en place un système national de financement des visites familiales aux détenus : l'Espagne et le Royaume-Uni. En Espagne, seules sont financées les visites faites aux personnes en détention provisoire – et donc pas celles faites aux personnes condamnées à purger une peine privative de liberté. Au Royaume-Uni à l'inverse, aussi bien les personnes en détention provisoire que celles condamnées ont la possibilité de recevoir des visites familiales, visites qui sont payées par le système de sécurité sociale (étant entendu que ne sont concernées que les familles répondant à certains critères, telles celles percevant certaines allocations ou officiellement considérées comme économiquement faibles)[4]. Et c'est tout : il n'y a pas, sauf erreur, d'autres Etats européens prévoyant, dans leurs droits internes, une possibilité de financer le coût des visites en prison pour les détenus et familles les

---

1. CPI, Présidence, 11 août 2016, *Decision on the Application to review the Decision on Complaint to the Registrar concerning Supported Family Visit*, ICC-RoR221-02/16, § 42.

2 . Site de la CPI, « Fonds d'affectation spécial pour les visites familiales », https://www.icc-cpi.int/trust-fund-for-family-visits?ln=fr (consulté le 20 août 2017).

3. Remarques qui par ailleurs seraient sûrement transposables à la situation de la plupart des Etats non européens ayant adhéré au Statut de Rome.

4 . G. Bechlivanou Moreau, « Rendre plus effectif le droit au maintien des liens familiaux », *RSC*, 2013, p. 137, spéc. p. 145.

plus modestes. Ce constat opéré, on peut alors comprendre, sur un plan strictement politique et économique, la réticence (laquelle avait pu s'exprimer clairement dans certaines résolutions de l'Assemblée des Etats parties au Statut de Rome [1]) des pays européens à participer au financement du fonds d'affectation spéciale pour les détenus de La Haye, dès lors qu'une telle participation pourrait aussi impliquer, pour eux, d'assumer, à court ou moyen terme, une obligation positive de financement des visites familiales au profit de leurs détenus nationaux indigents. Car l'argument serait, de fait, assez aisé à mobiliser qu'un Etat ne saurait se préoccuper du sort de personnes (étrangères) détenues aux Pays-Bas dans le cadre d'affaires relevant de la Cour pénale internationale et, en même temps, se désintéresser absolument de la situation de ses nationaux, incarcérés dans les prisons de son propre territoire. A quoi pourrait, au demeurant, s'ajouter cette hypothèse que, la Cour pénale internationale ayant la possibilité de détenir des personnes dans des établissements pénitentiaires situés dans d'autres pays que la Hollande [2], il pourrait apparaître d'autant plus paradoxal qu'un Etat donné accepte de remplir une obligation positive de financement de visites familiales sur son territoire pour des détenus internationaux et frappe simultanément une telle obligation d'inexistence pour ses détenus nationaux. On perçoit donc bien ce qu'il peut y avoir de réserve des Etats à contribuer volontairement au financement du fonds d'affectation spéciale, quand une telle contribution volontaire à rendre effectif le droit aux visites de quelques détenus internationaux pourrait signifier, à plus ou moins brève échéance, l'émergence d'une obligation positive nationale de financement concernant, quant à elle, des centaines (sinon des milliers) de détenus et de familles indigents. Moralité : l'effectivité du droit des personnes détenues à être visitées a un prix, que l'immense majorité des pays européens ne paraît manifestement pas disposée à payer – avec ce que cet état de fait risque d'avoir de répercussion sur la crédibilité de la Cour pénale internationale au regard de l'obligation positive dégagée par sa Présidence de financer les visites familiales [3].

1. V., p. ex., Résolution du 26 nov. 2009, ICC-ASP/8/Res.4, note 1 : la décision de la Présidence de la Cour de mars 2009 « n'établit aucun précédent juridique pour les Etats ayant déjà passé des accords d'exécution des peines avec la Cour ou qui en passeront à l'avenir ; [elle] ne crée aucun précédent juridique pour les personnes actuellement détenues ou qui le seront à l'avenir au niveau national ou international ».

2. Art. 103 du Statut de Rome.

3. A cet égard, une solution serait peut-être (certainement ?) que, faute d'alimentation suffisante du fonds d'affectation spéciale, la Cour décide à nouveau de financer les visites familiales des détenus indigents sur son propre budget, comme elle avait pu le faire par le passé et comme l'avait décidé sa Présidence dans sa décision de mars 2009 (v. *supra*).

Quatrième partie

Le maintien des liens extérieurs par les visites

Le lien social : les actions mises en œuvre par l'UFRAMA pour faciliter l'efficience du droit aux visites familiales

Obstacles rencontrés par les familles : Recommandations de l'UFRAMA

Par Gérard Benoist

Il est d'usage d'envisager le parloir sous l'angle des personnes détenues. Le fait de bénéficier de parloirs favorise son état d'esprit, entretien son moral, limite les troubles du comportement et favorise la réinsertion sociale à la sortie. Du coté des familles, le fait de pouvoir rendre visite à son proche détenu est ressenti par certains comme une nécessité. Les rencontres au parloir permettent de maintenir des liens, de se rassurer sur l'état de son proche détenu, de partager en direct joies, soucis et préoccupations et d'envisager l'avenir. Pour les enfants dont un parent est détenu, les parloirs sont souvent importants pour se construire.

L'UFRAMA est une union nationale qui regroupe les fédérations régionales des associations de maisons d'accueil des familles et proches de personnes incarcérées appelées FRAMAFAD. La mission première de l'UFRAMA est la prise en compte des difficultés spécifiques rencontrées par les familles de personnes détenues. Il existe à ce jour des FRAMAFAD dans les 9 inter-régions pénitentiaires de France métropolitaine. Les associations des départements et territoires d'outre-mer, non regroupées en fédérations régionales en raison de leur situation géographique, adhérent directement à l'UFRAMA. 149 associations de maisons d'accueil existent en France métropolitaine et d'outre-mer dont 23 possèdent un hébergement de nuit, 73 assurent la garde des enfants en cas de besoin pendant le parloir, 21 assurent l'accompagnement des enfants au parloir.

L'administration pénitentiaire, en ce qui la concerne, n'a pas de compétence directe sur les familles, celles-ci relevant du droit commun. Pour l'administration, le maintien des liens familiaux est un moyen pour favoriser la réinsertion sociale de la personne détenue et non une aide en faveur des familles. L'action de l'UFRAMA est ainsi complémentaire de celle de l'administration pénitentiaire.

Après une présentation des différentes structures : les associations d'accueil des familles, les fédérations régionales (FRAMAFAD), la fédération nationale (UFRAMA), nous exposerons une synthèse des difficultés matérielles, administratives et/ou juridiques mises en évidence à l'occasion des dernières Rencontres Nationales de 2013, ainsi que les recommandations adressées aux pouvoirs publics.

I. Historique et mission des associations de maisons d'accueil des familles de personnes détenues

Les maisons d'accueil des familles et proches de personnes incarcérées ont été créées à partir de 1972 sur l'initiative d'associations qui se sont constituées pour répondre aux besoins ressentis localement, en l'absence de tout aménagement d'accueil pour les familles. Situées à proximité des établissements pénitentiaires, elles offrent différentes prestations et services aux familles qui viennent rendre visite à un proche incarcéré :

. mise à disposition d'un lieu aménagé pendant le temps d'attente du parloir (salle d'attente - sanitaires - cuisine - coin nurserie - salle de jeux pour les enfants - chambres dans les structures prévues pour l'hébergement…),

. garde des enfants pendant le parloir,

. accompagnement des enfants au parloir dans certaines situations particulières,

. activités d'expression à l'attention des enfants,

. accueil à la gare et transport en voiture,

. informations diverses concernant les modalités d'accès à l'établissement et les règlements pénitentiaires,

. accueil et soutien psychologique par des personnes formées à l'écoute,
. hébergement de nuit pour 23 associations d'accueil des familles.

II. Historique et mission des fédérations régionales FRAMAFAD.

Le regroupement des associations en fédérations régionales a été pris en 1991 lors d'une rencontre nationale à Nancy sur la base des objectifs suivants :
. permettre une prise en compte spécifique des problématiques rencontrées par les familles de personnes détenues,
. proposer des formations adaptées aux bénévoles assurant l'accueil,
. soutenir l'action des structures existantes,
. favoriser la création de nouvelles structures,
. permettre une représentation régionale des associations de maisons d'accueil auprès des Directions régionales des services pénitentiaires.

Les FRAMAFAD se sont constituées progressivement dans les neuf inter-régions pénitentiaires de 1993 à 2009.

III. Historique, mission, actions et recommandations de l'union nationale UFRAMA.

1. Historique et mission. Constituée en décembre 2000, l''UFRAMA regroupe les FRAMAFAD des 9 inter-régions pénitentiaires de France métropolitaine ainsi que les associations des départements et territoires d'outre-mer.

Ses objectifs se situent à quatre niveaux :
. soutien de l'action des associations de maisons d'accueil de familles et proches de personnes incarcérées,
. prise en compte des difficultés auxquelles se trouvent confrontées les familles,
. intervention auprès des pouvoirs publics sous la forme de recommandations pour une meilleure prise en compte des problèmes rencontrés par les familles,
. mise en place d'actions de soutien à l'attention des familles.

2. Les actions de l'UFRAMA. Parmi les actions mises en place, on peut citer : l'organisation de stages de formation ainsi que le journal semestriel UFRAMAG à destination des accueillants, l'édition de livrets destinés aux proches de personnes détenues : les « Carnets de bord de la famille » et les « Carnets de l'enfant ».

Un « Guide pratique à l'usage des personnes ayant un proche en prison », accessible sur le site de l'UFRAMA a également été créé pour apporter toutes informations utiles aux familles concernant les établissements pénitentiaires et des associations d'accueil des familles de France métropolitaine et d'outre-mer.

Des Rencontres Nationales regroupant les associations d'accueil des familles ont lieu tous les 4 ans, avec en préalable différents travaux de recherche dont une enquête dite « Etat des lieux » auprès des familles et proches de personnes détenues et des associations d'accueil des familles. A partir des résultats de l'enquête « Etat des lieux », des recommandations sont élaborées et adressées aux pouvoirs publics.

Les dernières Rencontres Nationales ont eu lieu les 31 mai et 1er juin 2013 à Lille (59) et ont regroupé 330 participants. Les prochaines rencontres auront lieu à Paris les 12 et 13 octobre 2018.

3. Les recommandations 2013 de l'UFRAMA. Les dernières recommandations sont celles des VIIèmes Rencontres Nationales de 2013. Avaient participé à l'enquête préalable « Etat des lieux » 2956 personnes ayant un proche incarcéré et 134 associations de maisons d'accueil.

Les recommandations 2013 au nombre de 39 sont regroupées dans cinq chapitres : les difficultés matérielles faisant obstacle à la communication ; le manque d'information des familles ; le respect de la vie privée et de la dignité des familles ; l'exercice de la parentalité ; la situation des enfants confrontés à l'incarcération de leurs parents. 14 ont trait à la non application des textes. 25 sont des propositions au regard des difficultés rencontrées par les proches.

A. Les difficultés matérielles faisant obstacle à la communication

Les difficultés d'accès aux établissements

/ *Un éloignement fréquent des établissements du domicile familial.* Nous recommandons que la proximité du domicile familial soit un critère prioritaire d'affectation, conformément à la règle pénitentiaire européenne 17.1 qui précise que « les détenus doivent être répartis autant que possible dans des prisons situées près de leur foyer ou de leur centre de réinsertion sociale ».

/ *Une accessibilité insuffisante aux établissements par les transports en commun.* La carence observée dans l'accès aux établissements en transports collectifs, tant au niveau des anciens que des nouveaux établissements, représente pour les proches une véritable atteinte au droit de visite. Nous recommandons que l'implantation de nouveaux établissements soit obligatoirement conditionnée à leur desserte en transports en commun et que leurs horaires soient adaptés à ceux des jours et heures de parloirs.

/ *L'éloignement occasionné par les transferts administratifs.* Les transferts administratifs, dits « transferts de désencombrement », ordonnés conformément à l'article D. 301 du code de procédure pénale, occasionnent le plus souvent un éloignement du domicile familial et sont préjudiciables pour la personne détenue et sa famille. Ces transferts sont vécus comme une difficulté importante par les familles tant sur le plan matériel que psychologique. Nous recommandons que les transferts administratifs ordonnés pour des questions de gestion globale des effectifs ne puissent pas être ordonnés s'ils sont de nature à occasionner un éloignement du lieu de résidence des proches des intéressés, conformément à la règle pénitentiaire européenne 17.1.

/ *Le droit au rapprochement familial non reconnu.* Si la loi pénitentiaire du 24 novembre 2009 reconnaît à l'article 35 le droit des personnes détenues au maintien des relations avec les membres de leur famille, elle omet de poser le principe du rapprochement familial pour les condamnés après leur condamnation. Nous recommandons que la proposition de loi « visant à favoriser le rapprochement familial des détenus condamnés », adoptée en première lecture par l'Assemblée nationale le 24 janvier 2012, soit votée.

Les difficultés pour l'obtention des permis de visite et la réservation des parloirs

/ *Les permis de visite pour les non membres de la famille sont difficiles à obtenir* du fait de l'enquête administrative préalable sollicitée auprès de l'autorité préfectorale. Nous recommandons que, lorsqu'une enquête est demandée, une autorisation provisoire soit accordée au vu d'une déclaration sur l'honneur attestant du lien existant avec la personne incarcérée.

/ *Des délais longs pour l'obtention de permis de visite lorsqu'il y a appel après un jugement en première instance.* Lorsqu'il y a appel après un jugement en première instance, les permis de visite ne peuvent être délivrés par les Cours d'appel qu'après réception de l'extrait du jugement du tribunal correctionnel. Le délai de transmission de celui-ci est de l'ordre de 2 à 4 mois, ce qui représente un obstacle à toute possibilité de visite pendant cette période, ce qui représente une véritable atteinte au droit du maintien des liens familiaux des personnes détenues. Nous recommandons que des dispositions soient prises pour permettre l'exercice de ce droit.

/ *Des permis de visite pour les enfants accordés de manière aléatoire par les autorités judiciaires.* Il est constaté que certains juges d'instruction ou magistrats du parquet refusent d'accorder des permis de visite aux enfants sur le seul motif de l'opportunité des visites au parloir en raison de l'âge des enfants. A noter, également, l'absence fréquente de réponse écrite motivée du magistrat, ce qui enlève toute possibilité à la famille de faire appel d'une décision de refus. Nous recommandons que des dispositions soient prises pour que le droit du maintien du lien de l'enfant avec ses parents incarcérés soit respecté.

/ *Le refus de délivrance de permis de visite aux proches en situation irrégulière.* On constate que le droit de visite ne peut pas administrativement être accordé aux proches qui sont en situation irrégulière. Cette situation est contraire au droit fondamental de respect de la vie familiale (article 8 de la CEDH), au droit du maintien des liens familiaux pour les personnes détenues (article 35 de la loi pénitentiaire) ainsi qu'au droit des enfants de rencontrer leurs parents dont ils sont séparés (article 9 de la Convention internationale sur les droits de l'enfant). Nous recommandons que, en conformité avec les engagements internationaux de la France, les proches d'un détenu qui sont en situation irrégulière aient la possibilité d'obtenir un permis de visite, comme c'est le cas dans les centres de rétention administrative (CRA).

/ *Des garanties procédurales insuffisantes concernant la suspension ou la suppression du permis de visite.* Il est constaté d'une manière générale que les décisions de suspension ou de retrait de permis de visite interviennent sans délai, quels que soient les motifs à l'origine de la décision. Nous recommandons que, conformément à la loi du 12 avril 2000 relative aux droits des citoyens dans leurs relations avec les administrations, la suspension ou la suppression du permis de visite ne soit effective qu'après la tenue d'un débat contradictoire, la personne pouvant se faire assister ou représenter par un mandataire de son choix.

/ *Une réservation des parloirs parfois problématique.* L'enquête fait apparaître que les bornes de prise de rendez-vous ne sont pas présentes dans tous les établissements et que, dans certains établissements, les délais pour l'obtention d'une première réservation sont de l'ordre d'un mois. Nous recommandons l'installation généralisée de bornes de prise de rendez-vous avec une maintenance de qualité, un accès à la ligne téléphonique facilité, la possibilité de prise de rendez-vous par Internet pour l'ensemble des familles.

Des conditions de visite au parloir peu favorables

/ *Des conditions de communication rendues plus difficiles par la présence de vitres sans tain.* Dans les établissements de construction récente, les vitres sans tain à l'entrée de l'établissement ne permettent pas de voir si quelqu'un est derrière la vitre. Le bon déroulement des parloirs implique que les conditions d'accueil à la porte d'entrée permettent le dialogue entre des personnes qui se voient. Nous recommandons que soit supprimées les vitres sans tain qui sont de nature à détériorer gravement les relations humaines et sont source de tension avec les proches de personnes détenues.

/ *L'absence d'abri pour les visiteurs à proximité de l'entrée des établissements.* Si un lieu d'accueil pour les visiteurs est prévu lors de la construction des nouveaux établissements, la moitié de ceux-ci n'est pas dotée d'un abri contre les intempéries à proximité de la porte d'entrée. Or les familles sont amenées à devoir attendre devant la porte principale avant leur parloir. Nous recommandons que soit prévue la construction d'un abri couvert à proximité de la porte d'entrée des établissements afin que les familles attendent dans des conditions qui les protègent des intempéries.

/ *Des conditions de visite au parloir peu favorables.* L'enquête fait apparaître que : 1) la durée des parloirs en maison d'arrêt est limitée à une demi-heure dans 31% des établissements ; 2) que les familles ne peuvent pas sortir provisoirement ou définitivement du parloir soit pour accéder aux toilettes, soit lorsque que le déroulement du parloir devient trop oppressant pour les enfants. Nous recommandons une amélioration des conditions de visites au parloir (durée, possibilité de sortie en cas de nécessité).

/ *Des conditions de communication rendues difficiles au parloir du fait de la présence de murets dans certains établissements.* La présence de murets dans plusieurs établissements, dont certains de construction récente, est mal ressentie par les familles et les personnes détenues, d'autant que le franchissement du muret est souvent interdit. Nous recommandons la suppression des murets dans tous les établissements conformément à la note du 3 mars 1983 (BO n° 91 du 1/03/1983) qui généralise les parloirs libres dans toutes les prisons.

/ *L'annulation fréquente des visites en raison des retards.* Tout retard, même faible, entraîne le plus souvent l'annulation de la visite sans prise en compte des circonstances du retard. Nous recommandons qu'en cas de retard justifié, une procédure soit mise en place pour reporter les visites sur les créneaux horaires suivants, comme c'est le cas dans certains établissements.

/ *De longs temps d'attente avant et après le parloir.* Il est demandé aux visiteurs d'être présents dans le local d'accueil ou devant la porte de l'établissement 15 à 45 minutes, en fonction des établissements, avant l'heure du parloir. À l'issue de la visite, les visiteurs doivent également attendre (dans le parloir ou un autre local à proximité) que toutes les personnes détenues du même tour aient fait l'objet de la fouille, avant de pouvoir être autorisées à sortir et repartir. Nous recommandons que les temps d'attente avant le parloir, particulièrement long dans les nouveaux établissements à capacité importante, soient réduits au strict minimum nécessaire et qu'après le parloir, il soit prévu plusieurs sorties possibles des visiteurs, au fur et à mesure du déroulement des contrôles de fouille des personnes détenues.

Des frais importants à la charge des familles

/ *Des frais de déplacement et d'hébergement fréquemment très lourds.* Les frais de transport sont supérieurs à 50 € pour 31% des familles, supérieurs à 100 € pour 13 % et supérieurs à 150 € pour 18%. Quand il est payant, le coût mensuel de l'hébergement dépasse 150 € près d'une fois sur cinq. Une étude de l'UFRAMA du 27 janvier 2011 « Rapport relatif au maintien des liens familiaux » a mis en évidence les exigences de la justice pénale en droit français et européen en faveur du financement des visites. A la suite de la transmission de cette étude au président de la Commission des lois du Sénat, une proposition de loi (n°797) précise « *Dans le cas où la condition de rapprochement familial des détenus n'est pas respectée, l'Etat prend en charge les frais supportés par les membres de la famille à l'occasion de leur visite au détenu* ». Nous recommandons que la proposition de loi n° 797 soit inscrite à l'ordre du jour du Parlement dès la prochaine session, afin que soit institué en France un programme pour l'indemnisation des frais de déplacement et d'hébergement entraînés par les visites au parloir pour les familles ayant de faibles ressources.

B. Le manque d'information des familles

Une information aléatoire des familles en cas d'annulation des parloirs. Il est constaté fréquemment que les familles ou proches de personnes détenues se déplacent pour venir au parloir, parfois de très loin, sans avoir été prévenues de la suppression de celui-ci, en raison d'extraction judiciaire ou médicale, d'hospitalisation, ou de transfert vers un autre établissement. Nous recommandons que les dispositions prévues dans la circulaire de l'administration pénitentiaire du 20 février 2012 en cas d'annulation de parloir soient strictement appliquées.

Des délais de plusieurs jours concernant l'information de l'incarcération. L'information de l'incarcération aux proches d'une personne détenue est effectuée par le SPIP, le plus souvent dans un délai de plusieurs jours. Nous recommandons que soit prévue une procédure immédiate d'information de la famille. Cette disposition serait en conformité avec la règle pénitentiaire européenne 24.8 et la règle 24.9.

La difficulté de communication de la famille avec leur proche détenu et les instances de l'établissement. Les familles déplorent, en outre, les délais de transmission du courrier à leur proche détenu. Nous recommandons la mise en place, dans les locaux d'accueil des familles, de boîtes aux lettres accessibles aux familles et gérées par l'administration pénitentiaire pour la transmission du courrier à leur proche détenu.

C. Le respect de la vie privée et de la dignité de la personne

Une avancée trop limitée concernant la création des unités de vie familiale et des parloirs familiaux et un accès restreint. Il est constaté que la mise en œuvre du droit de toute personne détenue de pouvoir bénéficier d'au moins une visite trimestrielle dans une unité de vie familiale ou un parloir familial, est entravée par l'insuffisance en nombre des structures mises en place. Nous recommandons que, comme le prévoit la règle pénitentiaire européenne 24.4 et la loi pénitentiaire à l'article 36, l'ensemble des établissements soit doté d'unité de vie familiale ou de parloirs familiaux.

Des contraintes difficiles à vivre pour les familles : le contrôle du courrier. 47 % des conjoints de personnes détenues citent la lecture du courrier comme un obstacle à l'intimité. Nous recommandons que les échanges de courrier ne soient plus contrôlés de manière systématique, comme c'est le cas dans de nombreux pays étrangers.

Les contraintes difficiles à vivre pour les familles : la fouille corporelle de la personne détenue après le parloir. 65 % des réponses mentionnent la fouille de la personne détenue après le parloir comme humiliante pour leur proche détenu et comme une suspicion permanente à leur égard. Nous recommandons que, par respect de la dignité des personnes détenues et de leur famille, les fouilles de sécurité après le parloir soient effectuées, conformément à l'article 57 de la loi pénitentiaire, en fonction de la présomption d'une infraction et des risques présentés et non de manière systématique.

Des contraintes difficiles à vivre pour les familles : le contrôle à l'entrée de l'établissement. 25 % des personnes citent l'obligation de se soumettre au contrôle d'un portique de détection métallique et le stress qui en résulte de se voir refuser l'accès au parloir. Le détecteur manuel est rarement utilisé en complément de la détection par le portique et que dans de trop peu nombreux établissements. Nous recommandons que l'ensemble des moyens de détection soient utilisés pour les visiteurs comme le prévoit la circulaire du directeur de l'administration pénitentiaire du 20 février 2012 et que les visiteurs aient la possibilité de déposer, dans un lieu approprié, les objets gardés par inadvertance qui ont déclenché la sonnerie du portique.

Des contraintes difficiles à vivre pour les familles : les opérations de police judiciaire de contrôle menées contre l'introduction de produits stupéfiants lors du déroulement des parloirs et les fouilles par palpation parfois non justifiées qui en résultent. Les « opérations surprises » de contrôle de police judiciaire menées lors du déroulement des parloirs contre l'introduction de produits stupéfiants, avec la présence de chiens spécialisés envoyés au milieu des visiteurs sont vécues comme très traumatisantes par les familles, tout particulièrement pour leurs enfants. Nous recommandons qu'au début de chaque opération de contrôle, une communication soit faite aux familles afin de replacer le contrôle dans une perspective de santé publique et d'en annoncer les modalités pratiques, comme le préconise la circulaire ministérielle du 27 janvier 1997 instituant les opérations de contrôle.

La vidéosurveillance dans le local d'attente des familles. La vidéo-surveillance dans les locaux d'accueil soulève la question des raisons d'une telle surveillance dans des lieux où sont présentes des personnes qui assurent l'accueil des familles. Nous considérons que, le local d'accueil des familles étant un espace public géré avec une présence humaine, la vidéosurveillance est non justifiée. Celle-ci apparaît en outre peu conciliable avec les impératifs de confiance et de confidentialité qui sont à la base de la mission des associations.

D. L'exercice de la parentalité

La Convention européenne de sauvegarde des droits de l'homme et des libertés fondamentales du 4 novembre 1950 reconnaît la vie familiale comme une valeur fondamentale et protégée, aux articles 8.1 et 8.2.

L'exercice de la parentalité mis à mal par l'incarcération. L'enquête met en évidence que les relations familiales subissent des dommages importants du fait de l'incarcération. Nous recommandons qu'une politique de soutien à la parentalité soit développée pour susciter et valoriser les initiatives positives pendant la détention ; qu'au cours de la détention, les décisions d'affectation en établissements prennent impérativement en compte la situation familiale et que des peines alternatives à la détention soient privilégiées afin de ne pas porter atteinte à la vie familiale et aux droits de l'enfant.

Les dispositions de la circulaire de l'administration pénitentiaire JUSK1140029 du 20 février 2012 imparfaitement appliquées. Si les dispositions autorisant la remise à l'occasion des parloirs des dessins d'enfant, documents scolaires et objets non métalliques ne dépassant pas 15 cm réalisés par les enfants sont respectées à quelques exceptions près, la remise directe au parloir est peu respectée. Nous recommandons que les dispositions de la circulaire de l'administration pénitentiaire JUSK1140029C du 20 février 2012 soient mises en œuvre dans leur intégralité.

Les dispositions de la note de la Direction de l'administration pénitentiaire n°00806 du 3 décembre 2003 relative à l'instauration d'une cantine pour les parloirs non appliquées dans son intégralité. Nous constatons que les dispositions de la note du 3 décembre 2003, ayant pour objet le maintien des liens familiaux par l'instauration de cantines exceptionnelles, n'ont pas été reprises dans la circulaire du 20 février 2012. Nous recommandons le maintien des dispositions de la note non abrogée du 3 décembre 2003.

Le maintien des liens familiaux pour les femmes incarcérées. La question des femmes incarcérées ayant des enfants se révèle particulièrement sensible car les mères sont dans de nombreuses situations seules à assumer la charge de leurs enfants. Une condamnation à une peine de prison, même courte, entraîne souvent le placement des enfants en institution ou en famille d'accueil. Nous recommandons que soit développée une politique pénale qui privilégie les peines alternatives à la détention pour les femmes ayant la charge d'un ou plusieurs enfants, conformément à la recommandation 1429 (2000) du Conseil de l'Europe concernant les mères et les bébés en prison, réaffirmée par la résolution 1663 (2009).

Le maintien des liens familiaux pour les enfants mineurs incarcérés. Le faible nombre d'établissements pour mineurs (EPM) et leur implantation entraînent un éloignement géographique de la famille. Nous recommandons qu'il ne soit procédé en aucun cas au transfert de mineurs sur le seul critère de désencombrement des établissements, conformément aux recommandations de la circulaire du 19 septembre 2012 de la Garde des Sceaux.

E. La situation des enfants confrontés à l'incarcération de leurs parents

La Convention internationale des droits de l'enfant (CIDE) de 1989 reconnaît le droit de l'enfant à grandir dans sa famille et, s'il est séparé de l'un ou de ses deux parents, le droit de les voir régulièrement, sauf si cela est contraire à son intérêt (art. 9). Elle reconnaît ainsi que le maintien de la relation avec le parent incarcéré est un droit fondamental.

Des parloirs généralement inadaptés à la présence d'enfants. La configuration, l'équipement et le règlement des parloirs restent généralement inadaptés à la présence d'enfants venus dans le cadre de visites ordinaires. Les aménagements spécifiques pour les enfants sont présents dans moins d'un quart des établissements. Nous recommandons que les parloirs soient adaptés matériellement à l'accueil des enfants au niveau de l'espace, du mobilier, de la décoration, avec possibilité d'accès à un point d'eau et des toilettes.

Des jouets rarement mis à disposition pendant le parloir. Dans quelques établissements seulement, des jouets sont mis à la disposition des enfants pendant le parloir, le plus souvent sur l'initiative d'associations. La présence de jouets est pourtant essentielle pour les enfants pendant le parloir. Nous recommandons que des jouets soient mis à la disposition des enfants pendant le parloir afin de servir de support à la communication entre enfants et parents et permettre à l'enfant de vivre ce temps plus sereinement.

Un règlement qui prend peu en compte les besoins de l'enfant. La possibilité de sortir en cours de parloir est peu fréquente (14%) dans l'ensemble des établissements et impossible dans les nouveaux établissements du programme 13200. Or, les enfants peuvent être confrontés à de graves difficultés. Certains peuvent ne pas supporter d'être enfermés, ressentir de la peur, de la tristesse, de la colère, qui se manifestent le plus souvent par des cris et des pleurs. Nous recommandons que les enfants soient pris en compte au niveau des difficultés qu'ils peuvent rencontrer et qu'ils soient en particulier autorisés à sortir en cours de parloir.

Des espaces pour les enfants inaccessibles pendant le parloir. Des « espaces enfants » ont été créés dans les nouveaux établissements à proximité des parloirs pour permettre aux enfants d'y avoir accès pendant le parloir. Dans la configuration actuelle des nouveaux établissements, ces espaces ne sont pas accessibles pendant le parloir et demeurent, de ce fait, inutilisés. Nous recommandons que tout nouvel établissement soit pourvu d'un espace destiné aux enfants, accessible pendant le parloir.

Les difficultés d'accès des enfants nouveaux nés, au parloir, à l'unité de vie familiale et au parloir familial. La règle d'un premier parloir obligatoire avant de pouvoir accéder à une unité de vie familiale ou à un parloir familial n'est pas adaptée à la situation des nouveaux nés. Nous recommandons que la règle d'un premier parloir obligatoire ne soit pas appliquée pour l'accès en UVF ou PF pour les enfants nouveau-nés.

L'UFRAMA se félicite des avancées qui ont eu lieu depuis une vingtaine d'années pour l'accueil et la prise en compte des familles. Ces avancées sont en partie le fruit de la mobilisation concrète des associations qui font vivre les maisons d'accueil au quotidien. Les recommandations que nous avons exposées ci-dessus permettent de mesurer le chemin qu'il reste à parcourir.

L'UFRAMA, engagée auprès des familles, aux côtés d'autres associations et en lien avec les administrations concernées, entend poursuivre son action pour une meilleure prise en compte des difficultés rencontrées par les proches de personnes détenues.

Les aumôniers pénitentiaires à l'épreuve de la professionnalisation

Par Claire de Galembert, Céline Béraud, Corinne Rostaing

Si ce colloque avait eu lieu une décennie plus tôt, se serait-il penché sur la question des visites des aumôniers ? Des juristes n'auraient sans doute pas laissé de côté ces visiteurs d'un genre particulier dont les prérogatives sont inscrites dans le droit. Reste que les données empiriques – sauf à s'appuyer sur le témoignage des acteurs eux-mêmes – eussent été assez lacunaires tant la question semblait secondaire. Au-delà des statistiques globales publiées chaque année dans « Les chiffres clés de l'AP », on savait en effet peu de choses de ces intervenants et de leurs évolutions au sein du monde carcéral. Et ce d'autant moins que les études sociologiques sont longtemps restées assez silencieuses sur cet intervenant. Pourtant les aumôniers, au nombre de 1532 en 2016 selon les statistiques officielles, se sont montrés résilients à la modernité sécularisante et connaissent depuis une quinzaine d'années une véritable cure de jouvence. L'enquête sur laquelle on s'appuiera ici reflète bien la nouvelle actualité du sujet [1]. Découlant d'un appel d'offre de la Direction de l'Administration pénitentiaire (DAP) sur le fait religieux diffusé en 2008, elle révèle une montée en charge de la question cultuelle au sein du monde carcéral, question cultuelle dont l'aumônerie constitue le point nodal.

La croissance des effectifs d'aumôniers et leur diversification religieuse témoignent de cette nouvelle conjoncture de même que l'attrait soudain que les aumôniers exercent sur les pouvoirs publics consentant depuis quelques années un effort budgétaire au profit d'interventions plus nombreuses. Cette évolution, qui ne peut

1. C. Béraud, C. de Galembert et C. Rostaing, « De la religion en prison », PUR, 2016.

être dissociée des inquiétudes liées à l'islam, marque un réinvestissement de l'aumônerie par les pouvoirs publics comme outil de contrôle et de régulation de la religiosité des détenus. Parce qu'elle pointe vers les possibles instrumentalisations des aumôniers, cette valorisation soudaine de l'aumônerie invite à s'interroger sur la place et le rôle que tiennent au sein des détentions ces visiteurs d'un genre particulier.

Les aumôniers forment en effet une catégorie spécifique d'intervenants. Chargés d'offrir aux détenus une assistance spirituelle, leur présence découle du principe de laïcité qui, tout en posant le principe de séparation, englobe celui de libre exercice du culte. Mais leur intervention porte aussi la trace des liens séculaires que la prison entretient avec la religion chrétienne, liens dont le terme même de « pénitentiaire » est à lui seul révélateur. En vertu de ces liens, l'aumônier – et particulièrement l'aumônier chrétien – a longtemps été considéré comme un acteur participant aux missions mêmes de l'institution et notamment un intervenant de premier plan s'agissant de la « remoralisation » des détenus. Ce dont on trouve trace aujourd'hui dans les rapports d'activité des établissements et de la DAP qui bien souvent incluent la rubrique culte dans des développements ayant trait à la réinsertion. Leur périmètre d'intervention s'est bien sûr considérablement réduit depuis le temps où il comptait parmi les seuls intervenants extra-pénitentiaires : politiques de laïcisation, sécularisation et entrées de multiples intervenants venant les concurrencer sur le terrain de l'écoute et du travail sur soi des personnes recluses (tels que les psychologues, les soignants, les travailleurs sociaux) ont marginalisé cet acteur. Quoique l'autonomie d'action des aumôniers par rapport à l'administration soit jalousement défendue par les intéressés, leurs interventions n'en demeurent pas moins sujettes aux tiraillements inhérents à leur positionnement à l'intersection des champs religieux et administratif. Cette situation aux frontières ne va pas sans une certaine ambivalence qui rend l'aumônerie, comme toute intervention professionnelle en provenance de l'extérieur, vulnérable aux propensions utilitaristes d'une administration qui tend à faire feu de tout bois dès lors qu'il s'agit du maintien de l'ordre et de la sécurité. Elle n'échappe pas à ce que Jim Beckford, l'un des pionniers de la recherche sociologique sur la religion en prison, désignait comme un « dilemme de pouvoir [...]

dans le sens d'un jeu à somme nulle entre intégration et indépendance, entre formalité et liberté »[1].

Dans ce qui suit, on commencera par à un bref rappel du cadre juridique et réglementaire relatif au droit à l'assistance spirituelle des détenus et à l'intervention des aumôniers au sein des établissements pénitentiaires. Puis on montrera comment l'aumônerie pénitentiaire, en déclin à la fin du XXème siècle, a connu au début du XXIème une revitalisation inattendue et ce que cette redynamisation doit aux préoccupations suscitées par un islam carcéral longtemps laissé en déshérence. On pointera pour finir les déplacements qui accompagnent cette revalorisation de la fonction des aumôniers que l'AP envisage, lorsqu'ils sont musulmans, comme un instrument de lutte contre la radicalisation.

I. Des intervenants miroirs d'une laïcité pénitentiaire inclusive du religieux

Les aumôniers font indiscutablement partie des meubles pénitentiaires depuis les origines, même si leur statut n'a plus rien à voir avec celui qui fut le leur avant la séparation de l'Eglise et de l'Etat. Leur présence dans les établissements jusqu'à aujourd'hui témoigne du caractère insolite de la laïcité pénitentiaire qui tient aux aménagements de la loi 1905 dans les institutions fermées c'est à dire les institutions publiques telles l'armée, la prison et l'hôpital, dans lesquelles la liberté d'aller et venir des usagers ou des agents est entravée. Dans de telles situations, c'est aux pouvoirs publics qu'il incombe de garantir le libre exercice du culte. Cette particularité implique des obligations positives pour rendre cette liberté effective, lesquelles obligations ont été réaffirmées ultérieurement aussi bien par les règles pénitentiaires Européennes[2], que dans l'article 26 de la loi n° 2009 – 1436 du 24 novembre 2009 dite « loi pénitentiaire » que dans l'article R. 57-9-3 du code de procédure pénale.

---

1. J. Beckford, « Les aumôneries de prison : introduction », *Archives de Sciences Sociales des Religions,* n° 153, 2011, p. 12.

2. La règle pénitentiaire européenne 29.2 prévoit que « le régime carcéral doit être organisé, autant que possible, de manière à permettre aux détenus de pratiquer leur religion et de suivre leur philosophie, de participer à des services ou réunions menés par des représentants agréés desdites religions ou philosophies, de recevoir en privé des visites de tels représentants de leur religion ou philosophie et d'avoir en leur possession des livres ou publications à caractère religieux ou spirituel ».

Tout d'abord, il appartient aux pouvoirs publics d'assurer le fonctionnement d'aumôneries au sein des établissements pénitentiaires, lesdites aumôneries, composées d'intervenants, bénévoles ou indemnisés, ayant pour mission d'organiser « les offices religieux, les réunions cultuelles et l'assistance spirituelle aux personnes détenues ». Cette offre cultuelle comporte donc deux volets : d'une part, l'organisation d'activités collectives dont principalement des services cultuels qui, au gré de la disponibilité des espaces cultuels ou salles polyvalentes et du nombre d'aumôniers, se tiennent à échéance (plus ou moins) régulières ; d'autre part, la « cure d'âme », étant entendu par-là la possibilité de rencontres individualisées avec les personnes détenues. Le droit dispose que les aumôniers peuvent s'entretenir aussi souvent qu'ils le souhaitent avec les détenus qui en font la demande et qu'aucune sanction ne peut limiter ce droit ; ces visites peuvent donc concerner des détenus se trouvant au quartier disciplinaire ou à l'isolement. Il est précisé que ces entretiens ont lieu en dehors de la présence d'un surveillant dans un parloir, un bureau ou en cellule. Ces rencontres, qui se déroulent le plus souvent en cellule, expliquent qu'il est d'usage – on est bien là dans un droit coutumier dont nous n'avons trouvé aucune transposition juridique écrite … – de remettre aux aumôniers qui se chargent de ces visites individualisées une clef permettant d'accéder aux cellules, privilège exceptionnel dont aucun autre intervenant extérieur ne dispose. Enfin, la correspondance avec les détenus se fait librement et sous pli fermé. Autant de stipulations qui font signe vers le secret professionnel.

Non seulement l'administration doit veiller à la bonne organisation des activités cultuelles mais une partie des coûts occasionnés par celles-ci – et notamment l'indemnisation d'une partie des aumôniers – émargent sur les budgets de l'Etat [1].

Lui revient enfin une obligation d'information des personnes détenues. Tout détenu nouvellement incarcéré doit en principe, conformément à ce que dispose l'article R. 57-9-3 du Code de

---

1. L'article de la loi du 9 décembre 1905 dispose certes, en son premier alinéa, que « la République ne reconnaît, ne salarie ni ne subventionne aucun culte ». Mais elle prévoit, dans son second alinéa que « pourront toutefois être inscrits aux dits budgets les dépenses relatives à des services d'aumônerie et destinées à assurer le libre exercice des cultes dans les établissements publics tels que les lycées, collèges, hospices, asiles et prison ». Le Budget actuel est d'environ 3 M € (dont aujourd'hui plus du 1/3 revient à l'aumônerie musulmane).

Procédure Pénale, être avisé « de son droit à recevoir la visite d'un ministre du culte et d'assister aux offices religieux et aux réunions cultuelles organisées par les personnes agréées à cet effet » (p. 6) [1].

La laïcité pénitentiaire a donc tout d'une laïcité de reconnaissance et se révèle inclusive à l'égard du religieux : s'il n'est pas question en rigueur de terme de cultes reconnus mais de cultes agréés, les pouvoirs publics n'ont d'autre choix, s'ils veulent respecter le principe de non-ingérence dans le champ religieux, que de coopérer avec les autorités religieuses pour désigner un représentant. De ce point de vue, les procédures d'agrément des aumôniers mettent bien en évidence les apories du principe de séparation et des limites du principe de cécité légale à l'égard de la religion. Danièle Lochak pointait avec pertinence le statut hybride de l'aumônier à la fois agent public et représentant de son église. On pourrait même dire, écrivait-elle, « agent public parce que représentant de son église » [2]. Cette double qualité se reflète bien dans la procédure d'agrément qui fait intervenir simultanément les deux autorités religieuse et administrative : l'administration ne peut nommer un aumônier que s'il a reçu au préalable l'agrément de sa hiérarchie religieuse. De même, si ladite hiérarchie lui retire son agrément, elle doit s'aligner en lui retirant son habilitation à intervenir en établissement.

Tout ceci fait des aumôniers des « visiteurs » aux prérogatives, somme toute, assez étendues. D'une part, ils bénéficient pour une partie d'entre eux d'indemnités versées par l'administration pénitentiaire [3]. D'autre part, leur présence ne connaît, en principe, pas

---

1. La note administrative relative à l'exercice du culte en détention diffusée en 2014 recommande ainsi aux établissements de veiller à ce que cette information figure dans le livret d'accueil « arrivants » et dans le règlement intérieur ainsi qu'à informer les personnes détenues de leurs droits lors de l'entretien arrivant. Elle précise, en outre, que les aumôniers des différentes confessions sont en droit d'organiser une intervention collective aux détenus intéressés pour présenter leur rôle, activités proposées et les modalités d'inscription aux activités d'aumônerie. Note du 16 juillet 2014 relative à la pratique du culte en détention JUSK1440001N.
http://www.textes.justice.gouv.fr/art_pix/JUSK1440001N.pdf. (Consulté le 5 octobre 2017).

2. Danièle Lochak, « Les ambiguïtés du principe de séparation », *Actes. Les cahiers d'action juridique*, n° 79-80, p. 12.

3. Notons que les indemnités restent modestes. L'arrêté du 1er décembre 2008 fixe les montants des indemnités forfaitaires horaires allouées aux ministres des cultes des aumôneries des établissements pénitentiaires : 12,57 euros pour un aumônier national ; 11,60 euros pour un aumônier régional ; 9,67 euros pour un aumônier local. Le nombre de vacations horaires maximal est fixé à 1000 par an.

d'autres limites temporelles que celles imposées par leur propre disponibilité et les nécessités de la bonne gestion de la détention (heures des repas, horaires de promenades, basculement sur le service de nuit). Enfin, ils bénéficient du droit de circuler en détention que ce soit pour se rendre dans les locaux de l'aumônerie ou accéder aux salles dans lesquelles se déroulent les offices religieux mais aussi de rejoindre les détenus qui le souhaitent dans leur cellule et, le cas échéant, d'aller les voir au quartier d'isolement ou quartier disciplinaire [1].

Le bénéfice de ces prérogatives est évidemment conditionné par une procédure d'agrément assurant un contrôle des intervenants de la part non seulement de la hiérarchie religieuse qui les accrédite mais aussi de la part de l'administration qui décide – au vu d'une enquête de police – de l'agrément. En outre, leurs interventions en établissement sont bornées par le droit afin de protéger les détenus de tout prosélytisme intempestif : les visites des aumôniers ne concernent que les détenus en ayant formulé la demande [2].

Enfin, leurs interventions n'échappent pas – comme toutes activités proposées aux détenus – aux diverses contraintes qui peuvent venir restreindre l'effectivité des droits des détenus à en bénéficier. A l'entrée, les contrôles peuvent être longs et pointilleux. La liberté de déplacement des aumôniers se trouve limitée par les considérations sécuritaires. La circulaire de 2014 - première réglementation à se prononcer sur la remise des clefs aux aumôniers - prend bien soin de

---

1. Encore faut-il préciser que tous les intervenants au sein des aumôneries ne disposent pas des mêmes libertés de circulation dans l'espace de détention. D'abord, seuls les aumôniers disposent de ce droit. Tel n'est pas le cas, ainsi que le stipule l'article D. 439-2 du CPP, des « auxiliaires bénévoles d'aumônerie » qui viennent assister le premier dans ses fonctions. S'ils peuvent être chargés de l'animation d'activités connexes à l'activité proprement cultuelle (groupes de parole ou de réflexion, de prière, d'étude, chorale etc…) ils ne prennent pas en charge les entretiens individualisés et par conséquent n'accèdent qu'à des espaces limités de la détention. Tel n'est pas le cas non plus, selon l'article D. 439-4 du CPP, des « accompagnants occasionnels » qui viennent parfois célébrer un office ou participer à l'office.

2. La circulaire ayant trait à l'exercice du culte en détention susmentionnée rappelle, à cet égard, qu'il appartient aux agents de veiller à ce qu'aucune pression ne s'exerce de la part des aumôniers sur les personnes détenues. Dans le même esprit, elle insiste sur la dimension volontaire de la pratique du culte. Elle rappelle que « dans la mesure où la pratique du culte est une simple faculté pour les personnes détenues, les aumôniers ne sont pas autorisés à aller à leur rencontre sans avoir été sollicités au préalable ». De même, la remise d'objets ou de publication de nature religieuse ne peut être que le résultat d'une demande.

préciser qu'il ne s'agit que d'une « faculté » et que cette « possibilité » est conditionnée, d'une part, par des « éléments de sécurité (type d'établissement, composition de la population pénale…), d'autre part « la configuration de l'établissement (notamment le nombre de personnes détenues par cellule) », enfin « l'ancienneté et la régularité de l'intervention de l'aumônier ». Leurs visites en cellule, le cas échéant, sont parfois interdites lors des mouvements. L'intimité des rencontres avec le détenu visité est, en maison d'arrêt, soumise aux limites qu'impose la surpopulation, le suivi des détenus souvent remis en cause par l'important *turn over* des détenus. D'autres contraintes matérielles, de nature organisationnelle, pèsent sur leur activité : la préparation des listes d'inscrits au culte doit composer avec les limites du nombre de places souvent insuffisant en maison d'arrêt ; l'accès à des créneaux disponibles dans les salles d'activité est parfois rendu délicat en raison du manque de locaux ; l'organisation d'activités le week-end se heurte aux contraintes de personnels, moins nombreux. Parfois, les aumôniers peuvent être confrontés à des entraves volontaires de la part des surveillants s'employant soit à faire obstacle aux visites de l'aumônier à certains détenus soit, à l'inverse, à empêcher les détenus inscrits au culte de s'y rendre. Le partage avec les surveillants du monopole de la clef ne va pas toujours sans susciter des interrogations voire de l'hostilité d'autant qu'existe une forme de concurrence entre l'aumônier qui ferait un « boulot noble » valorisant les détenus et les surveillants qui ne feraient fonction que de porte-clefs et auraient en charge le « sale boulot » (pour reprendre une opposition assez classique en sociologie du travail, telle qu'établie par Everet Hughes [1]). Leur circulation au sein de la détention peut être vécue par certains comme une intrusion sur leur territoire. Toutes choses exigeant de la part de l'aumônier de faire œuvre de tact et de diplomatie pour normaliser ses visites mais aussi de faire ses preuves avant d'obtenir la confiance nécessaire au plein exercice de ses prérogatives.

Les nouveaux entrants – et particulièrement de l'islam – sont particulièrement exposés à cet examen de passage et aux restrictions arbitraires qui peuvent l'accompagner. Dans son avis de 2012

1. E. C. Hugues, « *Le regard sociologique. Essais choisis* », Textes rassemblés et présentés par J.-M. Chapoulie, Éditions de l'EHESS, Paris, 1996.

consacré à la mise en œuvre de la laïcité en prison [1], le CGLPL, Jean-Marie Delarue, avait de son côté estimé nécessaire de tirer la sonnette d'alarme sur le sujet. Il relevait les manquements aux valeurs républicaines que représentait le dénigrement – régulièrement constaté – dont la pratique religieuse peut faire l'objet en détention, les limites opposées aux personnes détenues souhaitant participer aux activités cultuelles, les mauvaises conditions matérielles dans lesquelles se tiennent les offices religieux. Il dénonçait, en outre, l'inégalité de traitement causée par l'écart existant entre la situation de cultes « agréés » et bénéficiant de l'intervention d'aumôniers et de ceux qui ne l'étaient pas, livrant la satisfaction des demandes religieuses de détenus au pouvoir discrétionnaire des chefs d'établissement et des ressources religieuses locales. Il rappelait à l'occasion le devoir de neutralité des pouvoirs publics considérant qu'il n'appartenait pas à l'administration de décider si un groupement ou une confession constitue un culte. Il s'agissait en l'espèce d'une référence implicite au cas des Témoins de Jehovah exclus de l'aumônerie à l'époque en dépit du statut d'association cultuelle dont ils pouvaient pourtant se prévaloir. Etait dénoncé dans la foulée le statut d'aumôniers « minoré » qui leur était consenti conduisant aux « religions du parloir », autrement dit contraignant ces intervenants à rencontrer les détenus demandeurs en revêtant le statut de visiteur [2].

Ainsi que le souligne indirectement l'avis du CGLPL, le désajustement des aumôneries (encore à ce jour très majoritairement chrétienne) et une demande religieuse de plus en plus diversifiée représente une limite au droit des détenus qui le souhaitent à bénéficier d'une assistance spirituelle. Cette situation, héritée de l'histoire, est indéniablement créatrice d'inégalité : elle peut conduire à l'absence pure et simple dans certains établissements d'aumôniers d'une religion donnée ou encore par une présence insuffisante faute d'aumôniers disponibles. Le cas échéant, des arrangements locaux permettent ici et là de faire entrer de manière ponctuelle quelques intervenants pour les cultes non agréés. Mais en l'absence d'aumônerie institutionnalisée cette réponse locale se révèle

---

1 http://www.cglpl.fr/2011/avis-du-24-mars-2011-relatif-a-lexercice-du-culte-dans-les-lieux-de-privation-de-liberte/ Consulté le 5 octobre 2017.

2. *Ibid.*

discrétionnaire, aléatoire et génératrice de fortes disparités d'un établissement à l'autre.

Tout comme les témoins de Jehovah ou les bouddhistes, les musulmans, réputés pourtant dès le début des années 2000 « première religion carcérale », ont longtemps fait les frais de ce désajustement. La recherche de Fahrad Khosrokhavar sur l'islam en prison, a pointé les effets délétères de ce déficit d'intervenants musulmans : emprise de certains leaders charismatiques jouant sur la religion pour contester le pouvoir carcéral, croissance d'un sentiment de discrimination : toutes choses favorables aux dérives radicales [1]. Il a fallu attendre 2005 pour que la DAP, longtemps attentiste sur le sujet, s'attèle au rééquilibrage de l'offre d'aumônerie, cause de l'essor qu'elle connaît depuis quelques années.

II. Essor de l'aumônerie pénitentiaire et enrôlement sécuritaire de l'aumônerie musulmane

Il y a une vingtaine d'années, l'aumônerie semblait une institution désuète et les aumôniers étaient « couleur grisaille » selon les termes de l'un de nos interviewés pour décrire la forme d'insignifiance sociale dans laquelle ils étaient tombés. Il est probable que bien des gens pensaient que cette institution s'éteindrait sans faire de bruit à l'ombre des murs carcéraux. Le contraste est cependant notable si l'on considère la progression des effectifs sur la dernière décennie et l'intérêt porté aux aumôniers par la DAP et, au-delà, par les acteurs publics, dans le contexte des politiques de lutte contre la radicalisation mise en œuvre depuis les années 2010. Incontestablement, les préoccupations ayant trait à l'islam ont remis la question cultuelle à l'ordre du jour.

	Catholiques	Protestants	Musulmans	Israélites	TJ	Orthodoxes	Bouddhistes	Autres (dont TOM)	Total
2000	458	240	44	72	-	3	2	6	825
2005	505	284	66	54		7			
2009	590	265	147	90	-	7	3	43	1129
2014	716	362	170	77		21			
2015	687	355	198	69	111	47	10	50	1628
2016	690	349	217	65	136	45	18	12	1 532
Evolution 2005 2016	+ 37 %	+23%	+229%	+ 20%		+543%			+ 65 %

Chiffres 2016 (source AP, mai 2016)

1. F. Khosrokhavar, « L'islam dans les prisons », Paris, Balland, 2004.

Comme l'indique le tableau ci-dessus, de 2000 à 2016, le nombre global d'aumôniers est passé de 825 à 1 532. De 2005 à 2016 la hausse de l'effectif est de 65 %. Cette progression tout en bénéficiant à tous les cultes a eu pour corollaire une diversification religieuse résultant de la politique mise en œuvre par la DAP en la matière. Certaines aumôneries ont été institutionnalisées au terme d'un bras de fer judiciaire : c'est le cas des témoins de Jehovah, qui ont conquis en 2015, au terme d'un long contentieux, leur place au sein du monde pénitentiaire. Mais d'autres ont été sollicités : les bouddhistes, sans doute en raison des préjugés favorables dont ils font l'objet, bien que non demandeurs d'une aumônerie pénitentiaire, ont ainsi été la cible d'un démarchage volontariste de la part de la DAP. Les orthodoxes ont également été vivement encouragés à accroître leur présence au sein de l'aumônerie. Mais c'est surtout l'islam, objet de toutes les attentions, qui s'est trouvé au cœur de cet effort de réajustement. L'institutionnalisation d'une aumônerie musulmane en 2005, favorisée par la création en 2003 du CFCM, est d'ailleurs explicitement présentée comme « une politique de rattrapage » [1].

Quels ont été les ressorts de cet engagement de la DAP en faveur du développement de l'aumônerie ? Trois facteurs au moins ont compté. Tout d'abord, le rôle d'entrepreneurs de réformes au sein de la DAP, sensibles à la fois aux discriminations de fait résultant du décalage entre offre et demande et aux difficultés de gestion des détentions auxquelles ce décalage peut conduire. Ensuite, la transformation du contexte juridique se traduisant par une valorisation accrue des droits de détenus. Celle-ci s'est traduite par une judiciarisation de la question religieuse en prison, judiciarisation dont les Témoins de Jehovah ont été des protagonistes de premier plan [2]. Si un petit contentieux existe s'agissant de l'islam, il procède moins d'une offensive organisée que d'initiatives dispersées assez révélatrices de la fragmentation de l'islam transplanté. Cette montée des droits se manifeste, par ailleurs, par l'engagement du CGLPL, à travers son avis sur le libre exercice du culte de 2012 évoqué ci-

1. Outre la hausse des effectifs d'aumônerie (qui ont presque triplé au cours des dix dernières années), une série de signes attestent ce changement : l'instauration d'un nouveau dispositif pour le ramadan, la multiplication des notes et circulaires destinées à encourager les personnels à être plus attentifs aux particularités de l'islam.

2. A travers leur stratégie judiciaire, ils apparaissent comme de véritables *repeat players,* très organisés et soutenus par la Fédération nationale qui orchestre l'offensive.

dessus. Mais cette attention portée à l'aumônerie répond surtout à une problématique sécuritaire et à un souci de ne pas laisser l'islam des détentions à la merci des leaders jouant sur le religieux pour fédérer des groupes, développer des relations d'emprise sur des détenus vulnérables et, pour certains, convertir à la radicalisation violente. Si bien que ce sont moins des considérations de libertés publiques que de sécurité publique qui ont pesé dans cette évolution.

En 2005, la nomination de l'aumônier national est ainsi présentée comme un instrument pour endiguer le risque de radicalisation islamique. Les propos du ministre de la justice, Pascal Clément sont explicites sur ce point : c'est « *une garantie de ne pas avoir d'aumôniers intégristes qui organiseraient du prosélytisme à partir d'une population fragile et prête aux pires excès* » [1]. La logique d'enrôlement sécuritaire des aumôniers, portée aussi bien par la droite que par la gauche, n'a cessé depuis de s'accentuer. Dans le discours politique, ils sont présentés régulièrement comme un outil de prévention de la radicalisation. Cette rhétorique s'est renforcée à partir des attentats perpétrés en 2012 par Mohammed Merah. La Garde des Sceaux décide alors de la création de 15 postes (équivalent temps-plein) en 2013 et autant l'année suivante. Cette logique n'a cessé depuis de s'affirmer. De manière significative, le rapport de la commission d'enquête du Sénat sur l'organisation de la lutte contre les réseaux djihadistes remis en 2015 ne cite pas moins de 250 fois les termes d'aumôniers et d'aumônerie, entre autres pour y pointer leur nombre insuffisant et leur rôle décisif pour lutter contre le phénomène de radicalisation carcérale. Leur place est également centrale dans le Plan de Lutte contre le Terrorisme présenté en 2015 par Manuel Valls qui non seulement annonce une hausse de 30 % des effectifs mais aussi les présentent explicitement comme des acteurs de lutte contre la radicalisation. L'intérêt porté par les pouvoirs publics aux potentialités de l'aumônerie musulmane pour lutter contre le terrorisme s'est traduit par un effort financier qui a ciblé spécifiquement cette aumônerie. Cette valorisation des aumôniers musulmans comme des agents de lutte contre la radicalisation est également présente, lorsqu'en 2016, l'instance de dialogue avec l'islam mise en place par Bernard Cazeneuve, mettait sur pied un groupe de travail dédié à

1. *La vie*, 2 septembre 2005.

l'aumônerie pénitentiaire instantanément rattaché à la problématique de la radicalisation [1].

Les inquiétudes suscitées par la radicalisation carcérale ne mènent pas seulement à l'essor de l'aumônerie, ni à l'abondement de son budget. Le volontarisme de la DAP, sous pression de la commande politique, d'étoffer les rangs des aumôniers musulmans l'a conduite à favoriser leur financement, si bien qu'aujourd'hui l'aumônerie musulmane se démarque des autres par la part des aumôniers indemnisés (94 % alors que seulement 26 % des autres cultes le sont).

L'accroissement du nombre des aumôniers musulmans se heurte en effet à trois difficultés. La première réside dans le problème d'appropriation d'une institution pensée par et pour les chrétiens et qui n'existe pas au sein des pays musulmans. Ce qui conduit les musulmans, moins demandeurs que sollicités par l'AP, à la fois de considérer cette fonction d'assistance spirituelle davantage comme un « travail » que comme un « service » et à une inclination à se conformer aux attentes à leur endroit s'agissant de leur rôle dans la lutte contre la radicalisation. La seconde consiste dans l'absence d'une réserve de bénévoles similaires à celle dont disposent notamment les aumôneries chrétiennes (CSP + en retraite volontiers socialisés au bénévolat social). L'enquête quantitative que nous avons menée montre en effet une importance représentation des classes populaires dans la population des aumôniers musulmans ainsi qu'une surreprésentation de ceux d'entre eux qui cumulent cette fonction avec une activité professionnelle. Enfin, l'indemnisation est d'autant plus importante qu'elle permet de pallier l'absence de tout soutien matériel et financier de la part de l'aumônerie nationale dont l'organisation est encore embryonnaire, balbutiante et passablement indigente.

Cette première transformation se double d'une autre qui va, elle aussi, dans le sens d'une professionnalisation de la fonction : l'exigence à laquelle est soumis tout aumônier bénéficiaire d'une indemnisation de la part de la pénitentiaire, de suivre une formation sur la laïcité. Le « Plan en faveur d'un islam de France » de Bernard Cazeneuve, rendu public le 25 février 2016, a fait état de sa volonté de

---

1 . https://interieur.gouv.fr/Archives/Archives-des-actualites/2016-Actualites/ Instance-de-dialogue-avec-l-Islam-de-France (Consulté le 5 octobre 2017).

conditionner l'agrément des aumôniers des établissements publics (prisons, hôpitaux, armées) à l'obtention par les candidats d'un diplôme universitaire (DU) « de formation aux principes fondamentaux de la République »[1] : « Ce diplôme universitaire devra notamment devenir une étape obligée dans le parcours des aumôniers pénitentiaires, dont le nombre sera augmenté dès 2015 afin de contrer la diffusion en prison de discours religieux dévoyés incitant à la radicalisation violente ». Cette formation dite « civile et civique » (dont le décret d'application est entré en vigueur/promulgué en mai 2017[2]) présente l'originalité d'être régie non pas par les institutions religieuses mais par l'Etat. Cette pression à la professionnalisation, dans laquelle l'Etat apparaît désormais comme prescripteur de normes et dont on peut légitimement se demander si elle ne pointe pas vers une logique de re-fonctionnarisation des ministres du culte, ne va évidemment pas sans porter en germe des tensions sur la fonction et le statut de l'aumônier. Si les innovations concernant la formation des aumôniers n'ont pas suscité de résistances majeures, la salarisation des aumôniers par la DAP (scénario à l'étude pour favoriser l'engagement des aumôniers musulmans) pourrait bien en provoquer, tant une telle évolution, sauf à rester le propre de l'aumônerie musulmane, serait de nature à mettre en cause l'autonomie et la liberté d'action d'aumôniers traditionnellement très attachés à leur position de tiers dans les détentions [3]. Le statut hybride de l'aumônier, positionné à l'intersection des ordres administratifs et religieux, s'il permet cette position de tiers, est aussi ce qui le fragilise, ainsi que le révèle l'évolution en cours.

1. *Le Monde,* 26 février 2015. Ce type de formation intitulée « Religions, laïcité, interculturalité » existe à l'Institut Catholique de Paris (en partenariat avec le BCC) depuis 2008. A Lyon, un partenariat entre la Grande Mosquée, l'Univ. Catholique et l'Université Lyon 3, propose un dispositif du même type depuis 2012. http://www.interieur.gouv.fr/Actualites/L-actu-du-Ministere/Dialogue-avec-l-Islam-de-France. L'Université de Caen-Normandie a également ouvert, depuis la rentrée 2017, un diplôme d'Université intitulé « Laïcité et République », https://uniform.unicaen.fr/catalogue/formation/du/5925-diplome-d-universite-laicite-et-republique?s=droit&r=%091494940213998.

2. Arrêté du 5 mai 2017 relatif aux diplômes de formation civile et civique suivis par les aumôniers militaires d'active et les aumôniers hospitaliers et pénitentiaires et fixant les modalités d'établissement de la liste de ces formations, JORF n°0109 du 10 mai 2017, texte n° 154.

3. https://oip.org/analyse/aumoneries-en-rangs-disperses-sur-la-professionnalisation/

III. Dilemmes de pouvoir d'un intervenant aux frontières

Marc Bessin et Marie-Hélène Lechien notaient à propos des soignants : « Aucune intervention professionnelle en prison ne va de soi. Toute action en milieu carcéral est source de dilemmes » [1]. L'aumônier ne déroge pas à ce constat général et ce d'autant moins qu'il n'est pas tout à fait extérieur à l'administration pénitentiaire. « Il a beaucoup de droits, sans être membre de l'AP tout en étant quand même un peu membre », soulignait lui-même Brice Deymié, aumônier national protestant [2].

Les aumôniers possèdent une carte professionnelle qui leur permet d'accéder aux établissements. Quelques aumôniers nous ont montré la leur, beaucoup l'ont évoquée. Certains estiment, d'ailleurs, être là à la fois pour les détenus et les personnels [3] par lesquels ils peuvent d'ailleurs être sollicité individuellement ou collectivement (comme cela peut être le cas lorsque l'un des leurs se suicide). La possession de la carte pénitentiaire ne fait pas pour autant des aumôniers des personnels pénitentiaires. S'ils doivent signer la charte déontologique, ils ne prêtent pas serment. Statutairement, ils ne sont pas, une fois agréés, soumis à l'autorité de la hiérarchie administrative, à l'exception des décisions intéressant le fonctionnement et la sécurité des établissements pénitentiaires. Ils se situent en somme dans une zone grise : ni personnel pénitentiaire, ni tout à fait visiteurs, ni pleinement collaborateurs occasionnels du service public.

Leurs visites sont appréciées des détenus qui les sollicitent, ce que nous avons pu constater en les suivant dans leur visite en détention. Si tel est le cas, c'est que ces intervenants sont susceptibles d'améliorer l'ordinaire de la détention par l'octroi de ces petits « rien qui font tout ». Une paire de chaussettes, un tube de dentifrice, un vêtement, un vrai café, une cigarette aux premiers moments de la détention peuvent représenter beaucoup. Ils peuvent aussi contribuer à la mise

---

1. M. Bessin, M.-H. Lechien, « Soignants et malades incarcérés. Conditions pratiques et usages des soins en prison », Recherche subventionnée par le GIP, Mission de recherche Droit et justice, p. 106.

2. Propos lors de la journée organisée par la Direction de l'administration pénitentiaire à Science Po sur le fait religieux en prison », octobre 2013.

3. Plus d'un tiers (quatre répondants sur dix) selon l'enquête par questionnaire que nous avons réalisée.

en place d'un petit pécule pour les indigents. C'est aussi parce les aumôniers sont dispensateurs de biens de salut et d'accès à un savoir religieux ou des techniques de piété. C'est enfin – au-delà de toute considération matérielle et spirituelle – que la relation avec l'aumônier, à l'instar de ce qui peut se passer par exemple avec les soignants, rétablit un ordre relationnel normalisé avec la personne, la « re-dignifier » pour reprendre le néologisme de l'un de nos enquêtés. Autant dire qu'il y a là une ressource qui, pour certains détenus dépourvus de soutien familial, n'ayant pas accès à des activités, peinant à comprendre l'ordre carcéral, peut jouer un rôle important.

S'ils sont en général perçus par les détenus comme étant de leur côté, les intervenants religieux n'en contribuent pas moins à stabiliser l'institution. Instaurant avec le détenu une relation *a priori* dénuée d'objectif disciplinaire, ils participent néanmoins au maintien de l'ordre carcéral. Considérés comme une source d'apaisement de la détention par les personnels, ils peuvent constituer une ressource de gestion pour cette dernière. Cette position d'entre deux peut en faire des facilitateurs dans le désamorçage de petits conflits, voire même des intervenants utiles en cas de situations de crise. Ils peuvent être considérés comme des partenaires dans la mise en œuvre de certaines politiques : de ce point de vue, la mobilisation des aumôniers musulmans dans la lutte contre la radicalisation fait écho aux sollicitations dont ils firent l'objet lors de la politique de prévention du suicide déclarée « grande cause pénitentiaire » en 2005. De manière significative, Claude d'Harcourt, qui fut DAP de 2006 à 2010, les considérait comme des éléments importants de la « sécurité dynamique des établissements ». Les décorations dont les aumôniers sont parfois gratifiés (médaille pénitentiaire, ordre du mérite, légion d'honneur…) est le signe explicite d'une reconnaissance institutionnelle à leur égard.

Des relations trop étroites avec l'AP, une trop grande familiarité avec les surveillants peuvent toutefois nourrir des soupçons, que l'on retrouve à l'égard d'autres intervenants pourtant statutairement indépendants de celle-ci comme les soignants. Ces derniers peuvent se voir reprocher de « cautionner un régime que l'on rejette », de « contribuer à pacifier la population pénale en l'adaptant à sa peine et à sa condition » (Bessin et Lechien, 2002, p. 70). Pourtant c'est aussi cette position de tiers qui leur permet parfois d'incarner pour le détenu une instance de recours, un facilitateur susceptible d'intervenir en sa faveur auprès des personnels. Cette navigation entre ces deux mondes antagonistes que sont d'un côté celui des détenus et de l'autre celui des personnels pénitentiaires les mettent bien souvent aux prises à des arbitrages entre les attentes contradictoires qui lui sont adressées.

Ces ambiguïtés, qui traversent l'histoire de l'aumônerie des prisons (Landron, 2011) et l'ensemble des cultes, donnent lieu à des postures diverses. Le spectre des possibles est large allant du légitimisme à des attitudes plus critiques en passant par certaines formes d'irénisme, posture sans doute la plus fréquente. Cette diversité s'exprime assez bien s'agissant de la participation à la CPU. Nombreux sont ceux qui refusent par principe y voyant une mise en péril du secret professionnel et un début de compromission avec l'AP. D'autres acceptent d'y prendre part, notamment lorsqu'elles concernent l'indigence et, dans un moindre degré, la « prévention suicide ».

Ces dilemmes de pouvoir, bien que communs à tous les cultes, se révèlent particulièrement aigus s'agissant des aumôniers musulmans, dépourvus d'institutions religieuses fortes susceptibles de servir de garde-fou à des dérives collusives. La DAP a certes fait le choix d'exclure d'entrée de jeu les aumôniers musulmans des CPU radicalisation mises en place depuis 2016 afin de ménager leur crédibilité auprès des détenus. Mais il y a bien sur le terrain des formes d'enrôlement auxquelles ces aumôniers peinent à résister. Le discours politique valorisant leur mission de lutte contre la radicalisation trouve en effet des échos sur le terrain à travers les attentes qui s'expriment à l'égard de l'expertise religieuse qu'ils sont susceptibles de fournir dans l'évaluation de la radicalité d'un détenu ou de l'atmosphère d'une détention et de la place qu'ils peuvent tenir dans la diffusion d'éléments de contre-discours ; ces missions tendent à redéfinir leur rôle, ou du moins à constituer le cadrage prééminent de leur fonction d'assistance spirituelle et morale. Il y a chez ces nouveaux entrants, sans doute soigneusement évalués au moyen de l'enquête de police préalable et soucieux de donner des gages de loyauté à l'AP, une propension à jouer le jeu de la coopération. L'aumônier national, de même que la secrétaire de l'aumônerie nationale Samia Ben Achouba Talibi, ont dénoncé cette pression politique visant à en faire des « contrôleurs de conscience » [1]. Reste que nombreux sont ceux qui abondent dans le sens du discours politique et revendiquent haut et fort leur rôle clef dans la lutte contre la radicalisation [2]. L'absence d'une institution religieuse robuste susceptible de faire contrepoids aux exigences de l'AP, l'invention d'une fonction inexistante dans la tradition musulmane, le faible capital culturel et social de ceux qui officient, l'inclination, dans un contexte de soupçon à l'égard de l'islam, à l'hypercorrection républicaine, l'intérêt que représente une véritable rétribution salariale pour des aumôniers nombreux à se trouver dans une relative précarité socio-économique sont autant de facteurs qui accentuent la dépendance et favorisent une forme de légitimisme à l'égard de l'administration. Mais cet endossement du rôle qu'entend leur faire jouer l'institution pénitentiaire a un coût : la méfiance accrue des détenus à l'égard de ces intervenants jugés trop proches de l'administration.

La manière dont les préoccupations relatives à la radicalisation carcérale affectent aujourd'hui la fonction de l'aumônier – revalorisée certes mais, dans le même temps, tirée vers une professionnalisation et davantage de contrôle de la part de l'administration – est illustrative de la fragilité d'un intervenant évoluant à la frontière de deux mondes administratifs et religieux. Si l'avenir est incertain, il ne fait en revanche pas de doute que nous assistons à une réinvention de l'aumônerie pénitentiaire surdéterminée par les problèmes posés par l'islam et ses difficultés d'organisation interne. Est-ce à dire que nous sommes en passe de changer de modèle pour revenir à une formule concordataire qui reviendrait à refonctionnariser les ministres du culte ? Il est trop tôt pour l'affirmer. Quoiqu'il en soit l'aumônerie pourrait bien se trouver à la croisée des chemins : alors que la volonté

---

1. http://blogs.rue89.nouvelobs.com/religion/2012/10/15/aumonier-musulman-en-prison-je-ne-suis-pas-un-controleur-de-conscience-228669 consulté de 5 octobre 2017.

2. Ainsi par exemple de Mohammed Loueslati lorsqu'il déclare : « L'aumônier musulman est un rempart indispensable contre la radicalisation, le terrorisme, les discours extrémistes. Mais en même temps on souffre d'un manque de statut. Les pouvoirs publics disent vouloir lutter contre le terrorisme mais le seul statut qu'ils nous accordent, c'est le bénévolat ». http://rmc.bfmtv.com/emission/l-aumonier-musulman-est-un-rempart-indispensable-contre-la-radicalisation-en-prison-1044949.html. Pour un autre exemple voir l'interview d'A. Eddouk, aumônier à Fleury-Mérogis, au site Saphirnews : « Contre le radicalisme, une fondation de l'aumônerie musulmane des prisons », rédigé par Maria Magassa-Konaté, mercredi 10 Octobre 2012.http://www.saphirnews.com/Contre-le-radicalisme-une-fondation-de-l-aumonerie-musulmane-des-prisons_a15461.html.

des pouvoirs publics de voir l'encadrement religieux de l'islam carcéral se renforcer pousse vers un alignement du statut d'aumônier pénitentiaire sur son homologue militaire, ce que verrait d'un bon œil également l'aumônerie Israélite, les cultes chrétiens redoutent les conséquences que pourrait avoir une telle trajectoire en terme de renoncement à la gratuité d'une intervention qu'ils conçoivent plus comme un service que comme un travail, d'une part, de perte d'autonomie fonctionnelle et financière, d'autre part, de précarisation des aumôniers devenus tributaires de contraintes budgétaires et d'une obligation de résultat, enfin. Les pressions à la professionnalisation manifestent sans conteste un retour de l'Etat sur la scène religieuse et un accroissement de son contrôle sur la sphère religieuse. Reste que le pari que font les pouvoirs publics sur l'encadrement religieux ne va pas sans poser de questions eu égard à la fois au contexte de dérégulation institutionnelle du religieux qui met à mal toute forme d'autorité religieuse et à la méfiance qu'est de nature à susciter chez le détenu une collaboration trop explicite de l'aumônier avec l'administration. Sans compter qu'il n'est pas sûr que l'évolution en cours aille dans le sens de l'intérêt de la personne détenue et du libre exercice du culte.

Conclusions

Par Anne Simon

On entend souvent que la peine carcérale privative de liberté ne devrait être que la seule privation de la liberté d'aller et venir [1]. Cette affirmation, qui devrait davantage être un guide qu'un dogme, est fausse par essence. Lorsqu'une personne est placée entre quatre murs, en application d'une décision pénale, *de facto* les liens qu'elle entretenait avec son environnement immédiat sont rompus. L'enfermement carcéral, qu'il corresponde à un placement en détention provisoire ou à l'exécution d'une peine privative de liberté, rompt les liens des personnes détenues avec leur lieu de vie, avec leur proches, famille et amis. Il faut d'ailleurs garder à l'esprit que cette rupture sociale est un élément qui participe de la fonction rétributive de cette peine particulière. Elle participe de la douleur qu'impose la peine. Il serait donc illusoire d'envisager une restauration totale ou un maintien constant des liens affectifs grâce à la mise en œuvre d'un droit aux visites des personnes incarcérées au sein de la détention. Il y aurait d'ailleurs une contradiction fondamentale à envisager la prison comme un lieu d'expression de la fonction sociale des individus. Cette réalité pénale de la rupture sociale devrait d'ailleurs entraîner un traitement différencié entre prévenus et condamnés. En effet, les prévenus incarcérés pour les besoins du déroulement d'une instruction ou à titre de mesure de sureté [2], ne devraient pas subir la fonction rétributive et donc douloureuse de cet enfermement. A cet égard, il est intéressant de noter que les prévenus ne bénéficient pas de garanties

1. Cette phrase serait à attribuer au Président Valéry Giscard d'Estaing qui aurait proclamé, à l'issue d'une visite de la prison de Saint-Paul à Lyon : « la prison, c'est la privation de la liberté d'aller et venir et rien d'autre ».

2. Art. 137 CPP.

renforcées en ce domaine, alors qu'ils devraient toujours être considérés comme présumés innocents [1].

Plus systématiquement, la question du respect des droits fondamentaux en prison soulève celle du sens de la peine ou des sens de la peine qui sont à la fois multiples et contradictoires. En effet, selon l'article 130-1 du code pénal, il est prévu qu'« afin d'assurer la protection de la société, de prévenir la commission de nouvelles infractions et de restaurer l'équilibre social, dans le respect des intérêts de la victime, la peine a pour fonctions : de sanctionner l'auteur de l'infraction ; de favoriser son amendement, son insertion ou sa réinsertion ». La disposition révèle l'exigence constante de conciliation d'intérêts antagonistes mise à la charge de l'administration pénitentiaire. Sanction et réinsertion, douleur et reconstruction, comment faire coexister ces dimensions contraires de la peine et, plus généralement, de la privation de liberté carcérale ? Cette juxtaposition des missions attribuées à la peine est source de confusion pour une opinion publique souvent résistante face aux perspectives d'amélioration des droits des détenus. Perçu comme une faveur indue, le droit aux visites en détention qui contribue au maintien des liens sociaux indispensables à la réinsertion pourrait être considéré comme superflu. Elle est pourtant une réelle obligation positive des Etats membres du Conseil de l'Europe [2]. Il faut néanmoins faire œuvre de pédagogie pour comprendre l'ensemble des dimensions auxquelles touche un tel droit. C'est d'ailleurs précisément ce qu'ont permis de comprendre les échanges lors de ce colloque.

Le droit aux visites des personnes incarcérées est apparu appliqué de manière très inégale entre les différents établissements pénitentiaires français [3]. Des écarts importants seraient en outre constatés entre le contenu des textes applicables [4] et les pratiques [1]. En

---

1. Il s'agit là du paradoxe de la détention provisoire qui ne résiste pas à l'analyse conduisant sans grande résistance à y voir une peine anticipée. V., entre autres, A. Simon, « Les incohérences de la mise en liberté médicale ou la confirmation des incertitudes quant à la nature de la détention provisoire », *RSC* 2016, pp. 219-236.

2. V. not. *Supra* J.-M. Larralde, « L'apport du Conseil de l'Europe : Règles pénitentiaires européennes et jurisprudence de la Cour européenne des droits de l'homme ».

3. V. not. *Supra* L. Duval et F. Gabroy, *Le rapport de la Clinique juridique*.

4. Sur la reconnaissance d'un véritable droit par la loi pénitentiaire, v. *Supra* S. Jacopin, « Le droit aux visites familiales des personnes incarcérées depuis la loi pénitentiaire ».

ce domaine, la place des normes infra légales est décisive. Le contenu du règlement intérieur, la taille et le type de l'établissement considéré, son architecture, son éloignement des villes, son éventuel état de surpopulation, sont autant d'éléments de nature à créer des disparités sur l'effectivité du droit aux visites. Cette grande pluralité de situations apparaît pour la majorité des acteurs comme une grande source d'insécurité juridique. Paradoxalement, elle pourrait être également une source de flexibilité souhaitable s'agissant de questions qui méritent sans doute une part d'individualisation du régime des visites. Le droit aux visites permet le maintien de liens sociaux, des liens qui sont un attribut essentiel de l'humanité, mais aussi la garantie d'une vie privée respectée. Le colloque a révélé de manière manifeste que l'encadrement du droit aux visites des personnes incarcérées et les difficultés liées à sa mise en œuvre sont de nature à porter atteinte aux droits fondamentaux des personnes concernées de deux manières distinctes. Il nous faudra donc envisager dans un premier temps le droit aux visites comme une composante de la vie privée et familiale (I) mais aussi, dans un second temps, comme un attribut de l'humanité dont le respect conditionne celui de la dignité reconnue à chaque personne (II).

I. Le droit aux visites : composante du droit au respect de la vie privée

La vie privée n'est plus seulement entendue comme la sphère d'intimité de l'individu. Il est admis que ce droit fondamental, notamment garanti par l'article 8 de la Convention européenne, « s'étend au droit de nouer des relations avec ses semblables » [2]. En ce sens également, le Comité des droits de l'homme affirme que « la notion de vie privée renvoie au domaine de la vie de l'individu où il peut librement exprimer son identité que ce soit dans les relations avec les autres ou seul » [3]. Cette exigence de considération d'une vie privée sociale a donc un écho significatif dans l'affirmation d'un droit aux visites des personnes incarcérées. Cependant, les échanges au cours de cette journée ont révélé que la vie sociale de la personne détenue est

1. V. en particulier L. Duval et F. Gabroy, *op. cit.*

2. Cour EDH, 16 décembre 1992, *Niemetz c. Allemagne*, req. n° 13710/88, §29.

3. V. notamment, Cour EDH, 31 octobre 1994, *Coeriel et Aurik c/ Pays-Bas*, req. n° 453 / 1991.

composée de deux dimensions qui méritent d'être distinguées. Une partie de sa vie sociale mérite d'être respectée et encouragée comme un facteur non négligeable de resocialisation (B) ; en revanche, l'autre partie, celle de ses relations liées à ses activités infractionnelles, mérite d'être strictement encadrée (A).

A. Les aspects négatifs du maintien des relations sociales

Cet aspect de la question n'est pas le premier appelé à l'évocation du sujet de ce colloque. Néanmoins, l'ensemble des communications en a fait état. La vie sociale de la personne qui commet une infraction est souvent un facteur ou au moins un paramètre du passage à l'acte délinquant. Certaines « mauvaises fréquentations » ont pu la conduire à commettre des infractions. En outre, la commission de l'infraction cause un trouble à l'ordre social, venant perturber les relations de l'infracteur à son milieu social immédiat, ses relations avec d'éventuelles victimes notamment. L'incarcération emporte d'ailleurs une rupture recherchée d'avec ce milieu social devenu *de facto* terreau d'une activité délinquante. Cette réalité a des conséquences non négligeables sur le régime du droit aux visites des personnes incarcérées.

Le Comité de prévention contre la torture (CPT) considère ainsi que les limitations du droit d'établir des liens avec l'extérieur peuvent être fondées sur des « impératifs sérieux de sécurité » [1]. Aussi, l'octroi d'un permis de visite est-il toujours soumis à une procédure permettant de contrôler la nature des liens qui unissent la personne incarcérée à la personne sollicitant cette autorisation. Comme cela a été souligné, un nourrisson, un enfant ou même une personne de confiance accompagnant un patient dans ses différents soins doit être titulaire d'un permis de visite afin de pénétrer au sein de l'établissement pénitentiaire. La prévention des infractions peut d'ailleurs être un motif de refus du permis de visite. L'enjeu de rupture à l'égard de la vie délinquante se pose de manière particulière s'agissant d'envisager l'incarcération d'un prévenu qui serait donc présumé innocent. On pourrait imaginer que l'exercice du droit aux

---

1. V. *Supra*, B. Pastre-Belda, « L'action du Comité européen pour la prévention de la torture relative au droit de visite de la personne détenue ».

visites se fasse de manière plus souple dans la mesure où il n'est pas établi qu'une infraction a été commise. En pratique, les solutions observées sont plutôt contraires pour des raisons pratiques [1] mais aussi en application d'une forme de principe de précaution [2].

S'agissant de personnes incarcérées pour des infractions particulières, par exemple pour des violences intrafamiliales, une vigilance accrue devra s'exercer à la fois sur la pertinence de l'octroi d'un permis mais aussi dans le déroulement des visites pour éviter toute violence susceptible d'être commise en détention. D'ailleurs, tout doit être fait pour éviter la persistance d'une vie délinquante au sein de la détention. Cette persistance pourrait se traduire par l'introduction d'objets prohibés au sein de la détention. Un contrôle doit donc s'exercer sur les personnes extérieures susceptibles de *faire entrer* des objets interdits et souvent dangereux au sein des établissements [3]. L'exercice de ce contrôle doit aussi montrer une vigilance accrue à l'égard de toutes les conséquences que l'introduction de tels objets peut avoir sur la vie en détention. En effet, l'introduction d'objet interdit peut participer à alimenter des trafics de stupéfiants, de téléphones, de médicaments notamment. Ces situations sont de nature à faire naitre des éventualités de chantage, de pressions, d'intimidation qui s'exercent sur les détenus les plus vulnérables.

Existent donc certaines hypothèses dans lesquelles le maintien du lien social qui, en tant que tel, pourrait constituer une menace pour la sécurité de l'établissement pénitentiaire. Il s'agit dès lors de mobiliser des impératifs de sécurité de nature à limiter le droit au respect de la vie privée au sens de l'article 8 de la Convention européenne, mais ce dans les limites des exigences conventionnelles [4]. Mais le maintien

---

1. Les prévenus sont détenus en maisons d'arrêt qui connaissent les pires conditions d'incarcération en raison notamment de leur état de surpopulation. V. not. CGLPL, *Avis du 22 mai 2012 relatif à la surpopulation carcérale*, disponible en ligne.

2. Les permis de visite doivent être délivrés par le juge d'instruction qui, dans le doute initial de l'état des relations sociales du prévenu, peut préférer délivrer les permis de manière restreinte. Il est admis que le juge d'instruction peut refuser sans justification nécessaire d'accorder un permis de visite aux personnes n'appartenant pas à la famille du prévenu.

3. V. not. *Supra* I. Fouchard, « Le regard du Contrôleur général des lieux de privation de liberté sur les visites des proches au parloir ».

4. L'art. 8 CESDH prévoit en effet que « 1 - Toute personne a droit au respect de sa vie privée et familiale, de son domicile et de sa correspondance. 2- Il ne peut y avoir ingérence d'une autorité publique dans l'exercice de ce droit que pour autant que cette ingérence est prévue par la loi et qu'elle constitue une mesure qui, dans une société démocratique, est

des liens sociaux a également une dimension positive qui a essentiellement été valorisée dans le cadre de cette journée.

B. Les aspects positifs du maintien des relations sociales

Le maintien des relations sociales grâce à l'exercice du droit aux visites des personnes incarcérées est avant tout perçu comme un facteur de bonne intégration dans la société des détenus [1], mais aussi condition d'une meilleure sécurité au sein des établissements, levier de lutte contre la récidive et éventuellement moyen de lutte contre la radicalisation [2]. En ce sens, la loi fédérale allemande pose un principe de nécessité d'autoriser les visites en détention [3]. Il a cependant été rappelé utilement qu'il existe une inégalité dans l'exercice d'un droit aux visites qui ne peut être que le reflet de la réalité de la vie extérieure : une personne ne peut faire valoir son droit aux visites que dans l'hypothèse où des relations sociales préexistantes sont à maintenir. A défaut, seules des associations intervenant en détention seront susceptibles de prendre le relais et d'assurer une interface avec le monde libre. Plus la peine est longue, plus le maintien de liens sociaux sera indispensable à une perspective de réinsertion. Le Comité pour la prévention de la torture considère, d'ailleurs, que le maintien ou la restauration des liens familiaux est de nature à compenser les effets de la durée de la peine [4]. Il s'agit d'ailleurs d'un élément pris en considération s'agissant de l'appréciation des conditions de détention pour établir la sévérité de la sanction [5].

Facteur de construction ou de reconstruction d'une personnalité en devenir, le maintien du lien social est théoriquement tenu à l'écart de la substance sanctionnatrice de l'enfermement carcéral. En ce sens, le refus d'accès à l'unité de vie familiale ne peut pas être une sanction

---

nécessaire à la sécurité nationale, à la sûreté publique, au bien-être économique du pays, à la défense de l'ordre et à la prévention des infractions pénales, à la protection de la santé ou de la morale, ou à la protection des droits et libertés d'autrui ».

1. V. not. S. Jacopin, *op. cit.*

2. V. *Supra* C. de Galambert, Céline Béraud, Corinne Rostaing, « Les aumôniers pénitentiaires à l'épreuve de la professionnalisation ».

3. V. *Supra* A. Giraud, « Le maintien des liens familiaux : l'exemple du droit allemand ».

4. V. B. Pastre-Belda, *op. cit.*

5. V. not. Cour EDH, 12 mai 2005, *Öcalan c. Turquie*, req. n°46221/99 et J.-M. Larralde, *op. cit.*

disciplinaire [1]. Par ailleurs, le représentant du culte doit pouvoir se rendre au quartier disciplinaire, ce droit de visite qui ne peut pas être limité [2]. En ce sens également la loi du 18 janvier 1994 a permis de faire entrer les services de santé en prison, pour une meilleure égalité entre la vie carcérale et la prise en charge médicale des personnes détenues, pour qu'elle devienne comparable avec celle dont bénéficient les personnes libres. Les organes européens de protection des droits fondamentaux mettent donc à la charge des Etats membres une obligation positive de favoriser les liens sociaux des personnes détenues (lien divers dans leur nature : familiaux, médicaux, socio-éducatifs…). Les autorités publiques, tenues à cet égard d'une obligation de moyens, doivent prendre des mesures concrètes destinées à la mise en œuvre de ce droit. Devant la Cour pénale internationale, cette exigence se traduit notamment par l'obligation des Etats membres de financer les visites aux détenus indigents [3]. Dans la mise en œuvre de ce droit, le rôle des associations apparaît déterminant. Elles permettent notamment d'établir un relais avec les enfants des personnes incarcérées mais elles organisent aussi l'accueil des familles [4]. A cet égard, un constat semble partagé, il ne faudrait pas que les autorités de l'Etat chargent intégralement les associations de la mise en œuvre de ce droit dont elles sont les premières débitrices [5].

Autre constat partagé : celui d'une marge importante de progression en matière de maintien des liens familiaux en détention. D'abord, il n'existe pas d'obligation de rapprochement familial mise à la charge des autorités alors que la vie familiale semble constituer une forme de matrice du lien social. Si des questionnements de la Cour européenne semblent émerger en ce domaine [6], l'éloignement des familles des personnes incarcérées constitue une préoccupation

---

1. V. *Supra* M.-A. Beernaert, « Le maintien des liens familiaux : l'exemple du droit belge ».

2. V. C. de Galambert, Céline Béraud, Corinne Rostaing, *op. cit.*

3. V. *Supra* P.-J. Delage, « La Cour pénale internationale et l'obligation positive de financer les visites familiales ».

4. V. *Supra* G. Benoist, « Le lien social : les actions mises en œuvre par l'UFRAMA pour faciliter l'efficience du droit aux visites familiales. Obstacles rencontrés par les familles. Recommandations ».

5. *Idem.*

6. V. J.-M. Larralde, *op. cit.*

quotidienne des associations [1]. En effet, les solutions propres à la Cour pénale internationale ne sont pas de nature à être étendue à l'ensemble des établissements pénitentiaires français [2]. Par essence, il n'existe pas d'égalité entre la vie privée et familiale à l'extérieur et celle pouvant être vécue en détention. Néanmoins, la manière de mettre en œuvre ce droit apparaît révélatrice d'une définition de la vie familiale. A titre d'exemple, pour obtenir un droit d'accès aux unités de vie familiale, la preuve de la vie commune apparaît suffisante. Il est même possible d'y recevoir des amis. Par ailleurs, le nombre restreint d'unités de vie familiales sur le territoire pose de manière explicite la question suivante : la vie sexuelle doit-elle être considérée comme une composante du droit à la vie privée ? Si oui, les possibilités d'avoir une vie sexuelle dans les établissements pénitentiaires français apparaissent extrêmement réduites [3]. Les progrès possibles sont donc exprimés par des préoccupations très pratiques qui ne peuvent pas être totalement abandonnées au travail des associations. Elles impliqueraient, entre autres, une amélioration du fonctionnement des services des parloirs [4] (de la prise de rendez-vous aux annulations inopinées). Le développement des réseaux de transports en commun dans les zones difficilement accessibles ou l'organisation de parloirs à des horaires adaptés à la vie familiale [5]. Il faudrait d'ailleurs que la mise en œuvre du droit de visite soit davantage adaptée aux situations parents/enfants. La question de l'implantation géographique des établissements pénitentiaires, de plus en plus éloignés des centres villes, apparaît d'ailleurs particulièrement symptomatique de ce que la société est prête à assumer ses prisons. Il s'agit donc essentiellement de volonté politique, ce qui soulève également la question du financement de ces éventuelles réformes par des fonds publics [6]. Enfin, des adaptations techniques permettraient sans doute de pérenniser et d'approfondir les liens sociaux dont bénéficient les personnes incarcérées. Un important travail sur le développement, au sein des établissements, des moyens de communication permettrait sans doute de renouveler le regard sur la problématique soulevée. Des

1. G. Benoist, *op. cit.*

2. V. P.-J. Delage, *op. cit.*

3. V. I. Fouchard, *op. cit.* et, pour une solution différente, M.-A. Beernaert, *op. cit.*

4. V. G. Benoist, *op. cit.* et I. Fouchard, *op. cit.*

5. V. not. I. Fouchard, *op. cit.* et A. Giraud, « Le maintien des liens familiaux : l'exemple du droit allemand ».

6. V. P.-J. Delage, *op. cit.*

réflexions sont actuellement menées sur la possibilité d'autoriser de manière encadrée l'accès au téléphone portable en détention, d'ouvrir l'accès à internet ou encore de permettre aux personnes détenues de téléphoner par le biais d'applications vidéo. Des mesures peu onéreuses qui interviendraient de manière complémentaire à l'exercice classique d'un droit aux visites, permettant indéniablement de renforcer le maintien des liens sociaux.

Il doit être souligné que le droit aux visites des personnes incarcérées ne doit pas seulement être rattaché à la problématique de la vie privée et familiale qui est un droit conditionnel protégé par la Convention européenne des droits de l'homme, mais qu'il relève également par certains aspects du droit absolu protégé par l'article 3 de cette même Convention qui prohibe la torture et les traitements inhumains et dégradants.

II. Le droit aux visites : composante du droit au respect de la dignité

L'homme est un être social, l'affirmation d'Aristote résonne d'un écho particulier dans le cadre de ce colloque, laissant entendre que le priver de tout droit de visite pourrait l'atteindre dans son humanité même. L'article 3 de la Convention européenne prohibe les traitements inhumains et dégradants et les échanges lors de cette journée laissent entendre que les entraves excessives au droit aux visites des personnes détenues pourraient être constitutives d'un tel traitement. A cet égard, les réflexions proposées soulèvent la question suivante : l'homme incarcéré est-il reconnu dans sa pleine humanité ? Deux aspects des liens entre droit aux visites et respect de la dignité humaine méritent à titre conclusif d'être rappelés. Il semble important d'évoquer le principe du droit aux visites, tout d'abord (A), les conditions de mise en œuvre de ce droit, ensuite (B).

A. Le principe du droit aux visites

La Cour européenne des droits de l'homme définit le traitement inhumain comme celui qui provoque volontairement des souffrances physiques ou mentales d'une intensité particulière [1]. Un traitement est dégradant « s'il humilie ou avilit un individu, s'il témoigne d'un manque de respect pour sa dignité humaine, voire la diminue ou s'il suscite chez l'intéressé des sentiments de peur, d'angoisse ou d'infériorité propres à briser sa résistance morale et physique » [2]. Comme le reconnait le Contrôleur général des lieux de privation de liberté, le droit aux visites constitue la première préoccupation pour les personnes détenues [3]. Il s'agit là d'un aspect fondamental de la vie carcérale. La personne privée de liberté ne devrait en aucun cas être privée de son humanité : il a été rappelé que cette « affirmation [...] ne fait plus aucun doute » [4]. Il existe un lien fort entre vie privée, intimité, vie sociale et dignité. La rupture de la vie sociale comme élément éventuellement constitutif de la peine pose avec acuité la question du sens de la privation de liberté. Le lien entre liens sociaux et dignité n'est donc pas direct mais il est bien présent, il justifie d'ailleurs que le Comité pour la prévention de la torture se prononce sur la question [5], car le lien entre protection de l'intégrité psychique des personnes détenues et droit aux visites est bien présent. La fragilité de certaines personnes détenues exacerbe d'ailleurs ce lien. Comme cela a pu être mis en lumière, il existe un risque non négligeable de carence affective pour les mineurs incarcérés et une atteinte à leur intégrité affective pourrait être constitutive d'un traitement contraire à l'article 3 de la Convention européenne.

Plusieurs éléments mettent en lumière le lien entre maintien des liens sociaux, grâce à la mise en œuvre du droit aux visites des personnes détenues et respect de la dignité humaine. Quel que soit le profil du condamné ou du prévenu, le droit de visite ne pourra jamais être totalement supprimé sous peine de constituer un traitement inhumain [6]. L'isolement total est en effet considéré comme contraire à à l'article 3 de la Convention européenne [7]. Aussi, le régime de

---

1. F. Sudre, *Droit européen et international des droits de l'homme*, 13ème édition, 2016, p. 490.

2. Cour EDH [GC], 21 janvier 2011, *MSS c. Belgique*, req. n° 30696/09, § 220.

3. Il s'agirait du premier motif de saisine du Contrôleur général des lieux de privation de liberté, v. I. Fouchard, *op. cit.*

4. V. B. Pastre-Belda, *op. cit.*

5. *Idem.*

6. V. J.-M. Larralde, *op. cit.*

7. V. not., Cour EDH [GC], 4 juillet 2007, *Ramirez Sanchez c. France*, req. n° 59450/00.

détention réservé à certains détenus *hors du commun* mériterait sans doute d'être revu en faveur d'un droit aux visites minimum [1]. Les régimes de détention particulièrement stricts sont donc susceptibles d'être sanctionnés par la Cour européenne. Cependant, le modèle sanctionné au titre de l'article 3 vise un « isolement sensoriel total » qui correspond en réalité à une abstraction [2]. De ce point de vue, les constats de violation en la matière apparaissent peu nombreux car les hypothèses d'isolement absolument total sont extrêmement rares. Sur la qualification éventuelle d'un traitement inhumain lié à une mise à l'isolement, le rôle des médecins apparaît intéressant. En effet, ils ont la charge d'apprécier si cette rupture du contact social est de nature à susciter une détresse psychologique excessive. Leur avis est donc déterminant. Il en découle d'ailleurs un transfert de responsabilité s'agissant de cette prise de décision. L'intensification des politiques pénales et pénitentiaires antiterroristes a conduit à l'admission de certains régimes de sécurité extrême au sein des établissements pénitentiaires, qui pose sous un angle nouveau la question de l'isolement social dans l'exécution de la mesure privative de liberté [3].

Ce qui pourrait inquiéter est que finalement la Cour européenne se montre assez tolérante à l'égard de régimes de détention qui réduisent à une peau de chagrin les liens sociaux des personnes incarcérées [4]. Il faut ajouter à cela la prise en considération croissante par le contrôle européen des exigences de sécurité dans la qualification des traitements inhumains et dégradants [5]. Il en résulte une tolérance forte des restrictions aux droits et libertés des personnes condamnées pour les faits les plus graves, y compris s'agissant de la prohibition absolue des traitements inhumains et dégradants. Il semble donc exister un paradoxe entre la suppression ou l'extrême limitation de la vie sociale choisie par la personne détenue dans le cadre de l'exécution d'une mesure pénale de privation de liberté et une vie sociale forcée, liée

---

1. On pense notamment à la détention de Salah Abdeslam qui est privé de toute visite.

2. V. en ce sens, A. Simon, *Les atteintes à l'intégrité des personnes détenues imputables à l'État. Contribution à la théorie des obligations conventionnelles européennes : l'exemple de la France*, Dalloz, 2015, § 294 s.

3. V. M.-A. Beernaert, *op. cit.*

4. V. notamment Cour EDH, 4 février 2003, *Van der Ven c. Pays-Bas*, req. n° 50901/99 et CEDH, 4 mars 2008, *Cavallo c. Italie*, req. n° 9786/03.

5. V. notamment, P. Poncela, « Le placement à l'isolement des détenus. En marge de l'arrêt Ramirez Sanchez c. France du 4 juillet 2006 de la Cour européenne des droits de l'homme », *RTDH* 2007, p. 256.

parfois à une grande promiscuité qui caractérise la vie de nombreux établissements pénitentiaires français.

B. Les conditions d'exercice du droit aux visites

Exercé dans certaines conditions, le droit aux visites des personnes incarcérées pourrait correspondre à la qualification des traitements inhumains et dégradants. Cette hypothèse rejoint la problématique générale des conditions de détention dégradées. L'organisation des visites exige que soient prévus, au sein de la détention, des lieux d'accueil décents pour les familles et les personnes incarcérées doivent pouvoir se présenter à leurs proches dans des conditions respectueuses de la dignité humaine. Ces considérations imposent notamment que le port des menottes au moment de la visite soit drastiquement limité [1]. Les espaces d'accueil ne devraient pas non plus être exigus au point que les rencontres ne puissent se faire que debout [2]. Par ailleurs, les relations sexuelles ne devraient pas avoir lieu dans des parloirs qui sont des lieux inadaptés à de telles rencontres [3], mais dans des unités aménagées à des fins de protection de l'intimité. A cet égard, la tolérance qui règne dans certains établissements pénitentiaires conduit à un sentiment de dégradation partagé par les détenus concernés à titre principal, par les surveillants, mais aussi par les autres détenus qui ont le sentiment d'imposer à leur famille une forme d'indécence [4].

Il semble indispensable que les instances de contrôle du respect des droits puissent établir avec précision les champs respectifs du droit aux visites en ce qu'il relève, d'une part, du droit au respect de la vie privée et, d'autre part, de la prohibition des traitements inhumains et dégradants. L'enjeu n'est pas anecdotique dans la mesure où de cette appartenance à l'un ou l'autre champ dépend l'intensité du contrôle opéré. En matière de lien social, composante de la vie privée, des limitations sont admises en ce qu'elles répondent à un objectif sécuritaire, à condition d'être proportionnée à l'objectif en question.

1. V. J.-M. Larralde, *op. cit.*
2. V. B. Pastre-Belda, *op. cit.*
3. V. I. Fouchard, *op. cit.*
4. V. plus généralement sur la question de la décence, M. Jacquelin, « La branche d'Ulysse et la toison d'Eumée. Visages de la décence en droit pénal français », *in Humanisme et justice. Mélanges en l'honneur de G. Giudicelli-Delage*, Dalloz, 2016, pp. 79-112.

Mais s'agissant du lien social déterminant de l'intégrité psychique des individus et dont la négation et les conditions d'exercice peuvent être qualifiées de traitements inhumains et dégradants, les autorités publiques n'ont plus de marge de manœuvre. En principe, point de proportionnalité en matière de droits absolus protégés par la Convention européenne.

Le sujet abordé dans le cadre de cette journée soulève donc des questionnements riches. Alors que la prégnance de certaines contraintes structurelles semble pouvoir être dépassée par l'évolution des moyens techniques et par l'expression claire d'une volonté politique, il semble aujourd'hui opportun de s'interroger : quels sont les liens qu'entretient la peine avec la vie sociale de la personne incarcéré ? La réflexion implique sans doute l'exigence d'une meilleure pédagogie à l'égard de l'opinion sur l'importance du sens et du contenu de la peine pour la société tout entière. Il est important que soient fixés des seuils clairs, des limites en-deçà desquelles la privation de vie sociale ne devrait être admise, au nom de l'égale humanité de tous les individus.

Table des matières

Questions juridiques aux éditions L'Harmattan

Dernières parutions

QU'EST-CE QUE LE DROIT ?
Théorie syncrétique et échelle de juridicité
Barraud Boris
La définition du droit ici est d'abord lexicographique et scientifique. La théorie syncrétique réunit toutes les définitions du droit en vigueur, loin d'être concurrentes elles s'associent. Ne s'opposant plus, elles se complètent. La seconde partie interroge les dimensions du droit en mesurant le niveau de force juridique par l'application des critères de juridicité. Cette nouvelle forme de rationalité de la pensée juridique permet au juriste de s'ouvrir à tout type de normes sociales tout en sauvegardant l'autonomie conceptuelle du droit.
(Coll. Le Droit aujourd'hui, 25.50 euros, 242 p.)
ISBN : 978-2-343-13423-9, ISBN EBOOK : 978-2-14-005340-5

LA RECHERCHE DE L'ÉQUILIBRE CONTRACTUEL DANS LE CAUTIONNEMENT
Regards croisés entre le droit français et le droit OHADA
Dibangue Guy - Préface de Pascal Rubellin
Le cautionnement est actuellement la sûreté qu'exigent de préférence les banques des emprunteurs. Si le législateur français semble surprotéger la caution par rapport au créancier, c'est l'inverse qui a été retenu par le législateur OHADA. Dans les deux cas, c'est le déséquilibre entre la protection raisonnable de la caution et la préservation des intérêts des créanciers. Suivant les récentes évolutions législatives en France et en droit OHADA, cette thèse vise l'équilibre contractuel du cautionnement dans une démarche de modernisation et de rationalisation de cette sûreté.
(Coll. Droit aujourd'hui, 42.00 euros, 456 p.)
ISBN : 978-2-343-13159-7, ISBN EBOOK : 978-2-14-005369-6

LE DROIT ANIMAL
Morales Frénoy Cathy
Plus qu'un droit protecteur, le droit animal réglemente les différentes utilisations de l'animal par l'Homme. Il est un corpus juridique transversal, issu du droit international, européen et national, qui régit les rapports entre l'homme et l'animal sans toujours offrir une protection juridique souvent souhaitée. Ce guide juridique offre à tout lecteur une étude complète de cette nouvelle discipline.
(Coll. Bibliothèques de droit, 45.00 euros, 470 p.)
ISBN : 978-2-343-12873-3, ISBN EBOOK : 978-2-14-005223-1

QUESTIONS D'ACTUALITÉ EN ÉTHIQUE ANIMALE
Pelé Marie, Sueur Cédric
L'éthique animale qui désigne l'étude de notre responsabilité morale à l'égard des animaux, n'est pas une prise de position mais un questionnement en perpétuelle évolution avec notre culture et notre temps. Cet ouvrage présente plusieurs éléments de réponses aux récentes questions posées par la société sur notre rapport aux animaux. Experts et étudiants abordent onze questions d'actualité en éthique animale. Leurs échanges sont retranscrits.
(Coll. Le Droit aujourd'hui, 24.00 euros, 236 p.)
ISBN : 978-2-343-13489-5, ISBN EBOOK : 978-2-14-005382-5

JE PARLE AUX ANIMAUX
Peter Friedman
Samantha Khury écoute les animaux et leur parle. Grâce à ce dialogue, elle parvient à comprendre leur comportement et à trouver les mots qui les guérissent. Non seulement Samantha Khury comprend le langage de nos fidèles compagnons, mais, en plus, ceux-ci lui confient leurs malheurs. Des propriétaires d'animaux domestiques, des gardiens de zoo et des entraîneurs de chevaux qui l'ont consultée en sont convaincus. Nous la voyons au travail, à l'écoute d'un chat dépressif, d'un perroquet déplumé en manque d'amour ou d'une jument qui a besoin de liberté... « Dans cette Théma Arte sur les rapports entre les hommes et les animaux, *Je parle aux animaux* est le plus intéressant. Sans doute parce qu'il pose la question de la communication avec nos compagnons à quatre pattes. Peter Friedman livre des séquences étonnantes. » (*TéléObs*). « Ce documentaire étonnant parvient à nous convaincre que la frontière entre les espèces est bien mince. Quand on dit que l'homme n'est qu'un animal ! » (*Le Figaro*)
(20 euros)
ISBN : 978-2-336-31591-1

TRAITÉ DE DROIT CONSTITUTIONNEL CONGOLAIS
Esambo Kangashe Jean-Louis
Préface de El hadj Mbodji - Postface de Dodzi Kokoroko
Dans sa conception, son évolution et sa pratique, le droit constitutionnel a toujours eu du mal à s'affranchir de crises politiques. Droit de crises ou de gestion de crise, le droit constitutionnel est avant tout au service des normes, dont le respect par tous contribue au fonctionnement régulier des institutions. Placés dans le contexte congolais, les trois versants du droit constitutionnel, à savoir le droit normatif, celui institutionnel et la branche consacrée aux libertés n'ont pas toujours été en cohérence avec le constitutionnalisme.
(Coll. Études africaines, 39.00 euros, 410 p.)
ISBN : 978-2-343-12352-3, ISBN EBOOK : 978-2-14-005341-2

SUR LE CHEMIN DES SAISIES
L'huissier de justice d'hier à demain
Berthé Ibrahim
Qu'est-ce qu'un huissier de justice ? D'où vient-il ? À quoi sert-il ? Cet ouvrage tente de répondre à ces interrogations et, à travers l'histoire, de peindre les différentes facettes de ce personnage spécifique du rouage de l'appareil judiciaire dans le temps et dans l'espace, des rives de la Seine en France jusqu'au bord du fleuve Djoliba au Mali.
(25.00 euros, 270 p.)
ISBN : 978-2-343-13501-4, ISBN EBOOK : 978-2-14-005261-3

LES TECHNIQUES D'ENQUÊTE CRIMINELLE
Typologie des crimes et constatations médico-légales
Moutassi Jean-Pierre
L'adoption de la loi de Juillet 2005 portant sur la procédure pénale démontre la volonté du gouvernement camerounais à promouvoir un état de droit. Voici un outil fondamental pour les praticiens du droit criminel : un outil de formation pour les jeunes fonctionnaires, ainsi que pour leurs aînés qui n'auraient pas eu l'occasion de vivre l'expérience des enquêtes judiciaires.
(Harmattan Cameroun, 45.00 euros, 498 p.)
ISBN : 978-2-343-13126-9, ISBN EBOOK : 978-2-14-005224-8

LES CLÉS DES ENJEUX FINANCIERS DU DIVORCE
Rond Patrice - Préface de Laurent Hincker
L'amour s'est consumé, l'argent part en fumée ! À une époque où toujours plus de couples se séparent, la finance du divorce inquiète. Comprendre ses arcanes financières, c'est pouvoir anticiper en cas de conflit au sein du couple. Comment rétablir un budget ou encore évaluer une prestation compensatoire ? À l'aide d'exemples chiffrés, l'auteur indique comment recenser et évaluer les revenus et patrimoines, et présente des méthodologies pratiques pour établir les droits

respectifs des époux. L'ouvrage rend compréhensibles les procédures financières qui ont lieu dans le divorce.
(17.00 euros, 156 p.)
ISBN : 978-2-343-11633-4, ISBN EBOOK : 978-2-14-004942-2

LUTTER EFFICACEMENT CONTRE LA FRAUDE
Enjeux stratégiques et opérationnels
Sous la direction de Catherine Véret Jost et Nicolas Dufour
Lutter efficacement contre la fraude pour recycler 50 à 100 milliards d'euros par an dans la croissance économique en France, voici l'enjeu de cet ouvrage qui explicite les leviers d'actions pour y parvenir, avec des retours d'expériences de professionnels et d'académiques. Il s'adresse à tous ceux qui ont la volonté de relever ce défi.
(Coll. Perspectives organisationnelles, 38.50 euros, 392 p.)
ISBN : 978-2-343-13167-2, ISBN EBOOK : 978-2-14-005143-2

L'ENFANT EN PRISON
Sous la direction de Catherine Ménabé et Mathieu Martinelle
Depuis 1946, les femmes détenues ont la possibilité de garder à leurs côtés, en prison, leur enfant jusqu'à ses 18 mois, voire 2 ans. Si la situation est peu étudiée, et souvent méconnue, elle mérite de profondes réflexions. Quelles sont les conditions de vie de ces jeunes enfants au sein du milieu pénitentiaire ? Comment est assuré leur développement psychomoteur et affectif malgré les contraintes carcérales ? Comment l'univers carcéral s'adapte à la présence d'enfants, non écroués mais, de fait, privés de liberté ?
(Coll. Bibliothèques de droit, 27.00 euros, 274 p.)
ISBN : 978-2-343-13051-4, ISBN EBOOK : 978-2-14-005015-2

LES TRENTE ANS DE LA LOI LITTORAL
Sous la direction de Jean-Luc Pissaloux et Anne Rainaud
La loi Littoral a maintenant plus de trente ans. Loi d'avant-garde, elle vise à concilier la protection du littoral avec le développement économique. Souvent contestée comme trop protectrice, empêchant l'urbanisation, elle est aussi considérée comme un « laisser-construire » dans les zones saturées. Ses concepts sont difficiles à interpréter et appliquer. Les défis climatiques auxquels est confronté le littoral ont impliqué la participation de géographes. La protection des cordons littoraux s'avère aujourd'hui une nécessité.
(Coll. Grale, 39.00 euros, 418 p.)
ISBN : 978-2-343-13140-5, ISBN EBOOK : 978-2-14-004988-0

CICÉRON, PÈRE DE LA CODIFICATION DU DROIT CIVIL
Gilardeau Eric
Confronté à la crise subie par la République, Cicéron cherchait une réponse au chaos des lois et aux contradictions du droit civil. Il en élabora une véritable codification. Du «De oratore» au «De officiis», il critiqua la science du droit et la soumit à la loi naturelle, avant d'instituer une méthode de codification protectrice des droits civils, dont se rapprocheront les codes civils français et autrichien. Il faut attendre les réformes du Code civil allemand de 2001 et du Code civil français de 2016 pour rejoindre Cicéron sur le rôle de la bonne foi et de l'imprévision en matière contractuelle.
(Coll. Logiques Juridiques, 26.00 euros, 248 p.)
ISBN : 978-2-343-13327-0, ISBN EBOOK : 978-2-14-004994-1

DROIT DES SOCIÉTÉS COMMERCIALES OHADA
Akam Akam André, Voudwe Bakreo
Ce livre vise à exposer, expliquer, systématiser et critiquer les règles qui régissent la constitution, le fonctionnement et la disparition des sociétés commerciales. Il montre que le droit des sociétés commerciales OHADA vise la promotion, la protection et la société judiciaire des investissements, autant qu'il tend à protéger les intérêts particuliers. En outre, il met en exergue la richesse, la

variété et la modernité du droit des sociétés de l'OHADA, ainsi que l'abondance et la qualité des travaux de recherche des auteurs africains et d'ailleurs qui s'intéressent au droit OHADA.
(Coll. Dynamiques du droit OHADA, 55.00 euros, 752 p.)
ISBN : 978-2-343-12819-1, ISBN EBOOK : 978-2-14-005077-0

LA PROTECTION CONTRE LES ATTEINTES AUX DROITS SUR LES SIGNES DISTINCTIFS DANS L'ESPACE OAPI
Badou Charles
Les signes distinctifs confèrent à leur propriétaire un droit exclusif d'exploitation. Celui-ci bénéficie de règles dérogatoires au droit commun, qui ont pour vocation première d'assurer aux signes distinctifs une protection contre les atteintes dont ils peuvent être l'objet. Mais l'efficacité de la protection est toute relative. La protection contre les atteintes aux signes distinctifs exige donc de nouvelles solutions qui, prenant en compte la particularité du droit de la propriété industrielle, protègeront efficacement les signes distinctifs contre les violations des droits exclusifs de leur propriétaire.
(Coll. Études africaines, 42.00 euros, 468 p.)
ISBN : 978-2-343-11816-1, ISBN EBOOK : 978-2-14-005019-0

DROIT DU TRAVAIL SÉNÉGALAIS
Tagum Fombeno Henri-Joël - Préface de Isaac Yankhoba Ndiaye
L'auteur questionne le droit du travail sénégalais, analyse les textes récents et leurs apports au droit du travail, met en lumière les imperfections de la législation et les difficultés d'interprétation qu'elles suscitent dans la pratique. La compréhension de la matière est rendue aisée avec les illustrations et exemples pratiques, souvent utilisés par l'auteur et issus de son expérience professionnelle.
(Harmattan Sénégal, 48.00 euros, 506 p.)
ISBN : 978-2-343-13272-3, ISBN EBOOK : 978-2-14-004933-0

LA FUSION DES SOCIÉTÉS COMMERCIALES EN DROIT INTERNE ET INTERNATIONAL
Contribution à la notion de «contrat-organisation»
Kalaani Adrian
La fusion est l'opération par laquelle une ou plusieurs sociétés transfèrent, par la suite de leur dissolution sans liquidation, leur patrimoine à une société établie ou nouvelle. Ce transfert est possible par la distribution de parts sociales aux associés de la société dissoute. Cette définition française et européenne souligne les effets principaux de la fusion en restant silencieuse sur sa nature juridique. Donc la fusion est un contrat-organisation qui entraîne une mise en commun du patrimoine et des membres de chacune des sociétés fusionnantes au sein d'une seule société préexistante ou nouvelle.
(Coll. Logiques Juridiques, 55.00 euros, 638 p.)
ISBN : 978-2-343-10971-8, ISBN EBOOK : 978-2-14-004827-2

LE PRAGMATISME JURIDIQUE
Barraud Boris
Le pragmatisme invite à se concentrer sur le mode de production des connaissances et sur les actions plutôt que sur les pensées. Le pragmatisme juridique, attaché à l'effectivité des normes, permettrait d'accepter et expliquer les modes de régulation originaux du XXIe siècle. L'enjeu est de permettre au droit scientifique d'accompagner l'évolution du droit pratique. Sont surtout concernées la gouvernance du cyberespace, la protection de l'environnement et la responsabilité sociale des entreprises. Affinant le visage du pragmatisme juridique, voici un outil ouvrant des pistes pour l'avenir de la recherche en droit.
(Coll. Bibliothèques de droit, 33.00 euros, 334 p.)
ISBN : 978-2-343-13206-8, ISBN EBOOK : 978-2-14-004920-0

L'HARMATTAN ITALIA
Via Degli Artisti 15; 10124 Torino
harmattan.italia@gmail.com

L'HARMATTAN HONGRIE
Könyvesbolt ; Kossuth L. u. 14-16
1053 Budapest

L'HARMATTAN KINSHASA
185, avenue Nyangwe
Commune de Lingwala
Kinshasa, R.D. Congo
(00243) 998697603 ou (00243) 999229662

L'HARMATTAN CONGO
67, av. E. P. Lumumba
Bât. – Congo Pharmacie (Bib. Nat.)
BP2874 Brazzaville
harmattan.congo@yahoo.fr

L'HARMATTAN GUINÉE
Almamya Rue KA 028, en face
du restaurant Le Cèdre
OKB agency BP 3470 Conakry
(00224) 657 20 85 08 / 664 28 91 96
harmattanguinee@yahoo.fr

L'HARMATTAN MALI
Rue 73, Porte 536, Niamakoro,
Cité Unicef, Bamako
Tél. 00 (223) 20205724 / +(223) 76378082
poudiougopaul@yahoo.fr
pp.harmattan@gmail.com

L'HARMATTAN CAMEROUN
TSINGA/FECAFOOT
BP 11486 Yaoundé
699198028/675441949
harmattancam@yahoo.com

L'HARMATTAN CÔTE D'IVOIRE
Résidence Karl / cité des arts
Abidjan-Cocody 03 BP 1588 Abidjan 03
(00225) 05 77 87 31
etien_nda@yahoo.fr

L'HARMATTAN BURKINA
Penou Achille Some
Ouagadougou
(+226) 70 26 88 27

L'HARMATTAN SÉNÉGAL
10 VDN en face Mermoz, après le pont de Fann
BP 45034 Dakar Fann
33 825 98 58 / 33 860 9858
senharmattan@gmail.com / senlibraire@gmail.com
www.harmattansenegal.com

www.ingramcontent.com/pod-product-compliance
Lightning Source LLC
LaVergne TN
LVHW010938061026
849535LV00007B/2469